マンガ 行動経済学入門

Introductory Behavioral Economics

著 友野典男
＋明治大学友野（行動経済学）ゼミナール生

漫画 高山わたる

PHP

マンガ 行動経済学入門

著　友野典男
明治大学友野（行動経済学）ゼミナール生
漫画　高山わたる

ＰＨＰ研究所

ごめん…
君とはもう
一緒にいられない…
え…？
ちょっ！
待ってよっ…
トモキ
スタ
スタ
待って！
行かない
でぇえええ！
はっ！
ガバ
ばっ
チュン
チュン
………
夢か…

ティック
TOMO
カッ
カッ
あ～っ
も～っ
あの男のことなんか…
忘れてやるーっ！
ふんっ
感咲《かんざき》ココロ
ヨロ
ヨロ
フラ
フラ
さすがに買いすぎたわね…

わっ！
ガラ
ガッ
えっ
やばい
落ちる…！
ギュッ
ストン…

大丈夫かい？ ケガは？
!?
世速《よそく》アタル
えっ、あっ 大丈夫です
わあっ イケメン！
ドキ ドキ
ありがとうございます！
それならよかった 気をつけなきゃ だめだよ
は… はいっ
それにしても 派手にぶちまけたね 拾うの 手伝うよ
うわっ すみません！
ポイントカードばっかり…
POINT CARD
PHP Coffee
あ…あの…
ギュ
よかったら お礼させて下さい！
えっ！

いいよ、いいよ
気にしないで
それより
拾うの手伝って
くれないかな…
いいえっ
命の恩人を
このまま
帰すわけには
いきませんっ！
それに
ぱっ
ちょうど喫茶店の
ポイントが溜まってて
コーヒー1杯タダなんですよ
そうですか
それなら
お言葉に甘えようかな
クス
じゃあ
行きましょう
あっ
荷物…
また、ひっくり返ったら
大変でしょう
店まで
持ちますよ
ガサ
この人
優しいなあ…
ドキ
ドキ

その後―
Coffee Shop
TOMONO COFFEE
ええーっ！
ア…アタルさんて社長さんなんですか？
ぱくぱく
経営コンサルティングの事務所なんです
まあ個人でやってるんですが…
すっごーい！まだ若いのに！
いえいえ
まあそれはさておき
感咲さんはお買い物が好きなんですか？
どっさー
えっ？あっ！
まあ大好きなんですけど今日はちょっと事情が…
事情？
なっなんでもないです！
今日はセールだったからついつい買いすぎちゃいました
ひょっとして感咲さんは100人に1人タダ！とかタイムセール3割引きとかいう言葉に弱かったりしませんか？
えっどうして分かるんですか？

行動経済学ですよ
行動経済学？
簡単に言うと経済学に心理学の視点も取り入れながら人の経済行動を研究する学問なんです
行動経済学を学ぶと人の感情って経済にけっこう影響あるんだなって分かるんですよ
つまり…どういうことですか？
かんたん…？
例えば流行に乗り遅れたくないからつい流行の服を買ってしまうとか……
あっそれなら分かります！
すごく分かります
ガタッ
みんなが着てると可愛く見えてついつい欲しくなっちゃうんですよね
えへ
新作アイテム続々!!
絶対欲しい旬アイテム
ファッションTY
今年の冬キーワードはドット！

他にも
計画的に貯金すれば
ちゃんとお金が貯まるのに
つい衝動買いを
してしまったり……
ダイエットしているのに
つい甘い物を食べてしまったり
ポイントが2倍と聞くと
つい余計なものまで
買ってしまったりとか……
グサッ
まるで私のことを
言われてるみたい……
ぶー……
でもこれって実は
感咲さんだけじゃなくて
普通の人、みんなに
当てはまるんですよ
行動経済学は
そんな
普通の人のクセなどを
研究しているから
人がどんなものを好むのか
どんな風にして売れば
買ってもらえるのかなどが
見えてくるんですよ
そうなんだ……
すごい！
…と、まあ
こんな感じで
コンサルティングを
するのが僕の仕事
なんです

うず……
ア…
アタルさん！
？
ダーン
私にも行動経済学を教えて下さい！
き…君に？
ゲホゲホッ
はいっ！
私、大学で経済学の授業をとってるんですけど難しいしあんまり面白くなくて…
でもアタルさんのお話聞いてすごく興味出てきました！
うーん突然言われてもなあ…
お願いです！何でもしますから！
……じゃあうちの会社でアルバイトしてみるかい？
バイトですか？

ちょうど募集しようと思っていたところなんだ
1人だとなかなか細かいところまで手が回らないから……
もしよければ仕事の合間に教えてあげられるよ
本当ですか⁉是非お願いします！
ズッ
じゃあ決まりだね
？
よろしく感咲さん
ぱぁぁあ
よっ…
よろしくお願いします～♪
ギュウウウッ
新しい出会い……キタ―――！
うぉー
くるっ
??
ゾク
悪寒が…

プロローグ

「100人に1人タダ！」の誘い文句に釣られてしまう、計画的に貯金ができない、ダイエット中なのについデザートを食べてしまう……皆さんにも心当たりがあるのではないでしょうか？　少しでも共感したあなたの行動は、行動経済学で詳しく説明できるのです。

分かっていてもできないこと、ついついやってしまうことは、たくさんあると思います。後になって考えてみると不思議ですね。ここに隠されているのが〝こころ〟です。人には〝こころ〟があり、〝感情〟があるのです。

行動経済学は、経済学に心理学の視点も取り入れた学問です。〝こころ〟や〝感情〟によって生じる人間の行動を分析します。

人はひたすら合理的に利益だけを求めて行動するのではなく、標準的な経済学が分析の対象にしていない感情や直感などのこころで動いています。こころは知覚、記憶、判断、意志を動かす大切なものなのです。

本書では標準的な経済学では説明しがたい人間の行動を取り上げて、行動経済学で説明していきます。

ごく普通の大学生活を送っている女子大生ココロ。そこに突然現れた、会社社長アタル。アタルのもとでアルバイトをしながら行動経済学を学ぶココロは、どんどん成長していきます。

私たちの大学での講義は、人の行動に関するある問題を解くことからスタートしました。講義では実験を行い問題を分析し、自分自身の行動を理解してきました。その結果、私たち人間は超合理的ではないということが明らかになりました。

本書では、ヒューリスティク、囚人のジレンマ、プロスペクト理論、保有効果など行動経済学の要《かなめ》となるものに絞り、詳しく解説しています。マンガでは、大学での講義と同じように行動経済学をココロの生活に当てはめて解説していきます。マンガに共感しながら身近な例に学ぶことができます。その上で本題を学ぶことによって、より深い理解が得られると思います。

経済は標準的な経済学だけでは説明できない！と感じている方に、是非読んでいただきたいと思います。また、行動経済学を学ぶ最初の1冊として、手に取っていただければとも思っています。

本書を読み終えた時、皆さんの経済への興味と理解が深まり、日常の経済行動に少しでも変化があるのではないでしょうか。これからの生活にちょっと役立つ1冊としても活用していただければ幸いです。

マンガ

行動経済学入門

contents

第1章　経済は感情に左右される？

第2章

思い込みはなぜ生まれる？

ヒューリスティック

第3章

人は得と損のどちらに敏感？

プロスペクト理論

第4章

途中で諦められないのは？

サンクコスト

第5章

将来より現在を重視するのはなぜ？

近視眼性

Behavioral

第1章

経済は感情に左右される？

Economics

やばい
やばい
やばい……!
カタカタカタカタ
来週の火曜までにこの書類をまとめておいてね
火曜? 楽勝です♪
はわわ～～～
なんて言ったはいいけど……
26日
月曜日
今日はもう月曜!!

時間に余裕があると思って油断しすぎた……！
合コンざんまい
ぷはーっ
イエーイ
ココロちゃんいい飲みっぷり～
こんなことならもっと早くから始めておけばよかった…
うあぁぁ
明日アタルさんが出張から帰るまでに仕上げておかないと嫌われちゃうよ～！
と言ってる間にできたぁ!!
すごいアタシ！
ふぅ……あとはプリントして完了ね
ポチ
Enter
ふんふ～ん♪
うきうき
んっ？
しーーーん

あっれ～？
おかしいなあ…
故障したのかなあ？
ばん
ばんっ
ああっ
そういえばっ！
そのプリンター
壊れているから
後で新しいの
買っておいてね
忘れたら
お仕置きだよ
分かりましたっ
楽勝です♪
ビッ
ビッ
先延《の》ばししてる間に
忘れてた！
アタシってば
コレばっか！
ガクッ
早くしないと
お店も
閉まっちゃう～っ！
もう
こんな時間！
バタ
バタ

トモノデンキ
閉店まであと30分～！
タッタッ
タッタッ
PJ-4D003
¥29.800
SD-20S7f
¥19.800
え～っと…
どれにしようかなあ…

うーん
1万円のやつは安いけど性能がイマイチっぽいなぁ…
種類多いからな～
でも3万円のやつは贅沢な気がするし…
かーん
ざーん
ざーき
さーん
ざーん
ゾー
しししし
変なもの買ったらアタルさんに叱られそうだしなあ…
よし2万円のが無難そうだからこれにしよう!!
お客様プリンターをお探しですか？
え？
は、はい
それなら新製品ですごくおススメのものがあるんですよ
機能が充実しているのに価格がとてもお得なんです
そ…そうなんですか？

こちらなのですが…
新製品
40.000円
うーん…たしかによさそうだけど高いなあ…
少し高いですが性能はバツグンです
今人気の商品ですよ
坂田
でもなあ…
!
さすがに4万は…
もしかしてお仕事で使われるのでしょうか?
それなら、なおさら少し高くてもいいものを買ったほうが長い目で見るとお得ですよ
うーん…
今のプリンターってこういうのが人気なんだ…2万円でも安いのかな?

じゃあ 2万円と4万円の間をとって 3万円のにしようかな これなら機能面でも 耐久面でも 無難そうだし
すみません こっちの プリンターを 下さい
ありがとう ございます!
翌日—
何これ!?
領収書
感咲さんったら! こんなに高いプリンター 必要ないでしょ!
ガタ
ペコペコ
す、すみません…! どれにすればいいのか 迷っちゃって…
無難なのを 選んだつもり だったんですけど
それに……
バサッ
この書類!
期限を守っているのは いいけど ミスが多すぎ! もっと早く取りかかって 確認する 余裕を持たないと!

ごめんなさい…
しゅん…
あー…
……とにかく今後は気をつけてね
ギィ
はい…
私、いつもこうなんです
ギリギリになって焦って…
どうしてこうなんだろ…
たしかに今回のことはあまり褒《ほ》められたことじゃないけど…
こうやってあまり合理的じゃない行動をするのは人のこころのクセなんだ
そうなんですか？

まず「締め切りギリギリにならないと動かなかった」ことだけど
はい
人の好みや選択って時間の経過とともに逆転しがちなんだ
どういうことですか？
今回の例でいえば早くからコツコツ書類をまとめていれば確認する余裕もできたし直前に苦労しなくて済んだはずだよね
〆切まで1週間か…
5日で作成2日を見直し期間にしよう
できましたアタルさん！
OH！完ぺき
見直したよ感咲さん！
はは はい

にもかかわらず
効率的に仕事をして
のちのち苦労を減らすことより
目先の楽しさや満足感を
過大評価して
そっちに飛びついてしまう
うっ
ギリギリに始めても
仕事をこなせると
考えているため
コツコツ進めれば
得られる
プラスの面…
怒られないとか
時間に追われないとかを
過小評価してるって
ことなんだ
はううっ！
どこ行くんだい

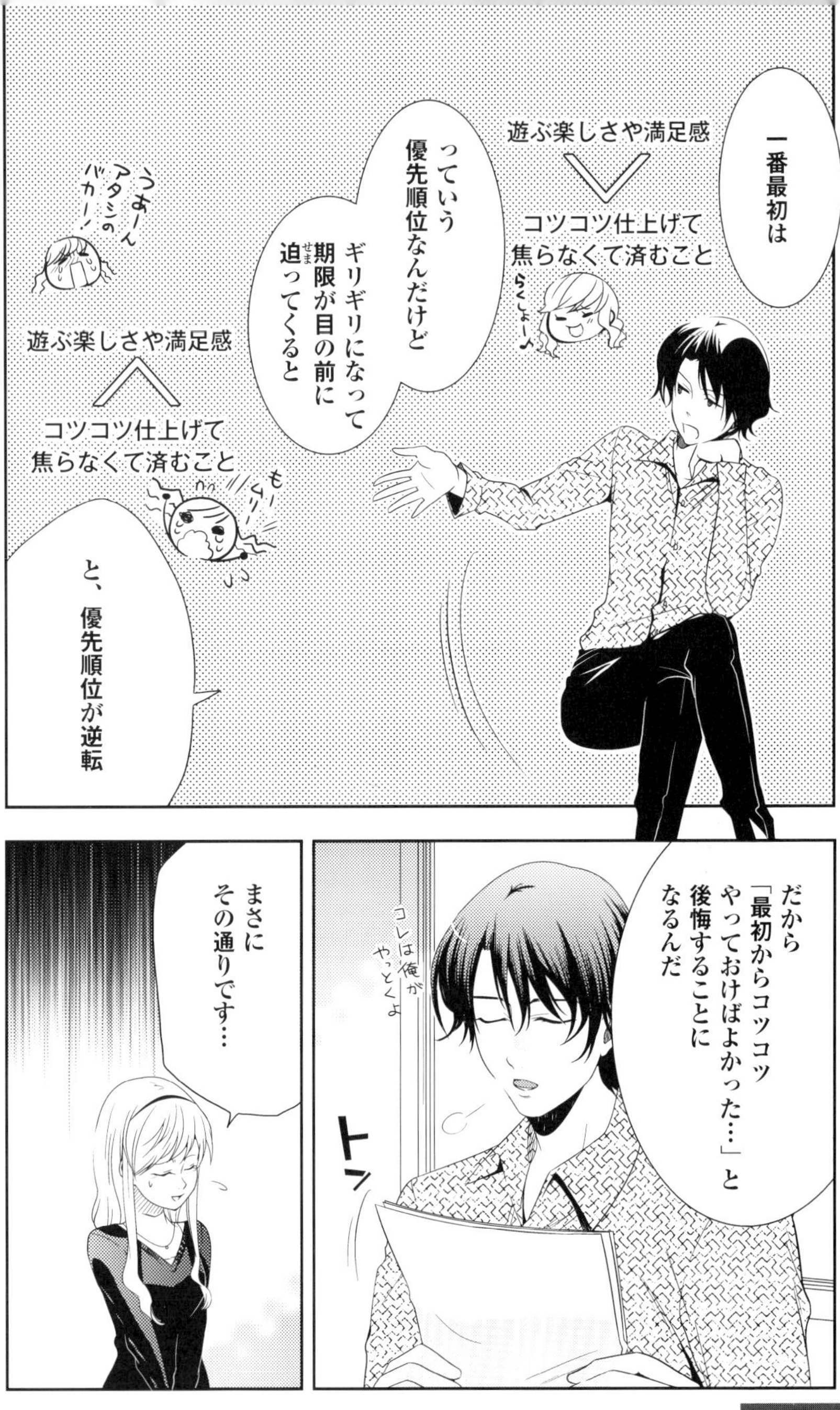
一番最初は
遊ぶ楽しさや満足感
コツコツ仕上げて焦らなくて済むこと
らくしょー♪
っていう優先順位なんだけど
ギリギリになって期限が目の前に迫《せま》ってくると
遊ぶ楽しさや満足感
コツコツ仕上げて焦らなくて済むこと
うあーんアタシのバカー！
と、優先順位が逆転
だから「最初からコツコツやっておけばよかった…」と後悔することになるんだ
コレは俺がやっとくよ
トン
まさにその通りです…

こんな風に
時間の経過とともに
人の優先順位や好みは変わる
遠近法って
分かるかい？
…写真を撮る時は
なるべくカメラから遠い方が
顔が小さく写る…とか？
撮るよー
はーい
カシャ
そうそう
遠くの山が
小さく見えたりとか、ね
あーいう風に
人のこころには
近い満足は大きく
逆に遠い満足は
本当は大きくても
小さく見えちゃうんだよ
ピッ
だから人は
目先の満足に
飛びつきがちなんだ
なるほど…

感咲さんなら他にも思い当たることがありそうだね
ピッ
そっそんなことないですよ
じゃあ聞くけど
ムゥ…
学校行かなきゃいけないのに二度寝したり
勉強しなくちゃいけないのに合コン行ったりすることはないってことかな?
やっぱり図星かぃ
人はいとも簡単に目先の欲に惑わされてしまうということだね
ポロ…
ハイ
うぅ…気をつけます
しゅーーん…

あっ…
でも改めて
考えてみたら
それも行動経済学
だったんですね！
ごまかしたな…
そうだね
今回の
プリンターの選び方にも
人のこころの
クセが出ているんだ
プリンターも!?
そうだよ
さっき、どれにすれば
いいか迷ったって
言ったよね？
はい…
いっぱいありすぎて
よく分かんなくって☆
てへっ☆
たくさんある中から
選べる＝いいことって
気がするけど
そうでもないんだよ
？
たくさんのプリンターから
1つを選ぶ時
「本当にこれでいいのかな」とか
「隣の機種の方が
いいんじゃないかな」って
思わなかった？
新製品だけでこんなに!?
ズラーッ
店長オススメ
あ！ 思いました！
それで悩んじゃって…

普段の買い物でもそういうことない？

ね？

それで結局何も買わないで帰るとか
ありますあります！

「自分に合ったものを選ぶ」って簡単に言うけどよく考えてみるとすごく難しいことなんだ
そうですね…

迷ったら結局いつもと同じようなの買っちゃった…

私、洋服なんかを買った後に「やっぱり、あっちの方がよかったかなー」なんてことしょっちゅうですよー！

人のこころはそういうネガティブな面に敏感なんだ

最初
3つの中から
真ん中の2万円の
プリンターを
選んだでしょ？
はい…
安くても
性能が低いのは
困るし
あまり高価だと
贅沢かなって…
真ん中の2万円の
プリンターなら
性能も価格も
失敗はない
ような気がして…
まさに
それだよ！
性能で失敗しそう
価格も性能も無難
価格で失敗しそう
安
中
高
今回みたいに
たくさんの選択肢の中から
選ばなきゃいけない時
僕たちはなるべく
損をしないように
極端なものを避けて
「真ん中のまあまあ」を
選びがちなんだ
でも
結局3万円の
高いプリンターを
買っちゃったん
ですけど…？
それは
「人の好みは
移ろいやすい」
からなんだ
コト

最初は
1万円、2万円、3万円の
選択肢しかなかったから
「3万円は高い」と思い
真ん中の2万円の
プリンターを選んだんだけど……
1万円
2万円
3万円
安
中
高
よしっ コレにしよう
←感咲くん
4万円のプリンター、それも
すごく人気があるプリンターが
選択肢に加わった
ことによって…
1万円
2万円
3万円
4万円
安
中
中
高
わ〜ん
真ん中が2つある〜
「真ん中」の位置が
ずれてしまった
だから
3万円のプリンターでも
さほど高いと
思わなくなったんだ
なるほど…
アタルさん
絵下手…

でもこれは合理的に考えればおかしなことなんだ
私もっと可愛くかいて下さいョ
どうしてですか？
本当に合理的に2万円のプリンターを選んでいたらほかにどんな新しい選択肢が出てきても3万円のプリンターを選ぶことはないはずだよね
まぁ…そうですね
にもかかわらず僕たちは新しい選択肢が加わるたびに判断を変えてしまう
合理的に考えるって難しいことなんだよ
だから今度は気をつけてね
そっかー…
あっ！

分かりました
アタルさん!
ほ…
本当に分かったの？
つまり
こういうこと
ですよね!
合コンに
たとえるなら…
ご…合コン？
自分より
可愛くない女の子と
自分より
可愛い女の子と
3人で参加すれば
男子の人気を
独り占めできる可能性が
高いってことですよね!!
オーホホホ
ベスト オブ 真ん中
キラ
キラ
キラ
アタル
君の頭の中には
それしか
ないのか!?
早速メンバー
あつめよーっ♡

行動経済学って……

「行動経済学」とは、人間を対象にして行う実験や観察を重視し、人がどのように選択・行動し、その結果どうなるかを究明する経済学です。

つまり、人は実際にどのような感情からどのような行動をし、その結果として何が生じるのかといったテーマに取り組む経済学のことです。

ではなぜ、このような経済学が生まれたのでしょうか。行動経済学が誕生する以前、標準的な経済学では、経済活動を行っている人々、つまり私たちはすべて**「経済人」**と呼ばれてきました。この「経済人」というのは、超合理的に行動し、他人のことなど考えず自らの利益だけを追求する人のことです。そして、自分に不利益なことが起こらないように、感情や行動も自らコントロールできる人のことなのです。

例えば、経済人は自分の先々の健康のことを考えていて、禁酒や禁煙、ダイエットに失敗するなんてことは決してありえません。また、当たる確率のきわめて低い宝くじに大金を投じるなんて賭けもしないし、衝動買いをしたり、損得を考えないお人好しだったりなんてことも絶対にありえないのです。

しかし、どうでしょうか。いつどのような時でも感情にまったく振り回されず、合理的に、そして自分の最大限の利益のために、決して後悔しないような行動をとれる人間など存在するのでしょうか。標準的な経済学が前提としてきた経済人はどこか現実にそぐわない――次第にそうした考え方が生まれてきたのです。

そこで、現実に即した経済学を再構築しようと誕生したのが、行動経済学です。今までよりももっと、人間の感情や直感、記憶などこころの働きを重視する視点に立って、実際に人間を観察し、どのような場面でどのような感情を持ち、どう行動するのかを研究する学問が生まれたというわけです。

人は本当に合理的じゃないの？

「頭では分かっているけれど、ついつい違うことをしてしまう」ということはありませんか？　投資判断や何かを買うという経済行動でも、よくあるはずです。多くの場面において、合理的な判断ができるとは限らないのが人間です。言い換えれば、人間の判断は感情に基づくことが多いと考えるのが行動経済学です。

標準的な経済学のように、「儲かるからこうする」とか「この方法だと得をする」といった計算だけに基づいて有利な方法を選択するとは限らないのです。こころは合理的推論も計算もする一方、感情や直感を生み出すものでもあるのです。

このように行動経済学は、人間は感情で動くものであると考えるため、人間の合理性、自制心、利己心を否定しています。しかしこれは、人がまったく非合理的で非自制的、非利己的であるということを意味しているわけではありません。完全合理的、完全自制的、完全利己的であるということを否定しているにすぎないのです。

行動経済学でいう「非合理性」とはランダムな行動傾向のことではなく、合理性という枠からはずれるという意味ですが、一定の傾向があり、予測可能な行動のことなのです。

このように、完全に合理的であることができない人間を捉《とら》えるための、**「限定合理的」**という概念があります。この限定合理的な性質を持つ人を行動経済学は対象としているのです。

直感と分析のコラボレーション

標準的な経済学が想定している経済人とは違って、完璧に合理的な判断ができない実際の私たち。では、どのように判断を下しているのでしょうか？

直感的なシステムと分析的なシステムを上手く使って情報処理をする**「二重システム理論」**という考え方があります。二重システムとは、私たちが持っている２つの情報処理システムのことで、「システムⅠ」「システムⅡ」と呼ばれており、それぞれ次のような特徴を持っています。

システムⅠ……直感的、連想的、迅速、自動的、感情的、労力がいらない、動物も持っている

システムⅡ……分析的、統制的、規則支配的、労力を要する、人間に固有のものである

システムⅠは、目の前にヘビが現れたら恐怖を感じ、逃げるというような、動物も持っているシステムです。経済人は、超高性能なシステムⅡのみを持っているということになります。私たちの頭の中では、この2つのシステムが上手く連動して問題を処理しています。

例えば、テニス部の新入部員の練習風景をイメージしてみて下さい。頭に思い浮かぶのは、ひたすら素振り等の基礎練習を行っている姿ではないでしょうか。スポーツは体で覚えなければならないという教訓の下、基礎練習が毎日繰り返されているのです。

この基礎練習は、「二重システム理論」の観点からも有効であることが説明できま

す。まず、初心者のうちはこのような基礎練習を１つずつ動作を確認しながら行う、分析的な役割をするシステムⅡが常時働いています。そして練習を積んで上達すると、多くの動作が無意識、自動的に行われるようになっていくのです。つまり、システムⅡからシステムⅠへと処理が受け渡されていくようになります。

スポーツは体で覚えなければならないというのは、実は、システムⅡからシステムⅠへ処理が移行できるくらいの練習が必要だという意味なのです。

実際のところ、私たちは思っている以上にシステムⅠによって直感的に判断をしています。システムⅠの働きを監視するのも、システムⅡの役割です。

ここで次の問題に5秒で答えて下さい。

「ノートと鉛筆を買ったら合計１１０円で、ノートは鉛筆よりも１００円高い値段でした。さて、鉛筆の値段はいくらだったでしょうか？」

……どうですか？　きちんと答えられましたか？　正解は5円です。しかし、10円と間違えて答える人が少なくありません。システムⅡがシステムⅠの出した直感的な間違いを見破れなかった、もしくは、気づいても判断を修正する時間がなかったからです。このように、人間しか持っていない分析的な能力……というなんだか優秀そうなシステムⅡも、システムⅠの間違いを修正する能力は、場合によっては案外低いのではないかといわれています。

つまり、判断と、直感や感情にはこれまで考えられていた以上に大きな関連があるということです。このシステムⅠとシステムⅡの働きは、行動経済学を考える上ですべての例に関わってきます。このことを頭に置きながら、読み進めていって下さい。

人は目の前の誘惑に飛びつく

ダイエットをした方がいいことは分かっていても、甘いものを目にするとついつい手を伸ばしてしまったり、禁煙を決意してもどうしてもタバコをやめることができないというようなことは誰でも一度は経験があるのではないでしょうか。また、「この宿題は明日必ずやる」と誓ったのに、翌日になるとまた「明日こそ本当に必ずやるから今日はテレビを見よう」というふうに、結局ずるずると先延ばしにしてしまう。こういった合理的な行動をとれない例は数多くあります。

このように人はたびたび、目の前の小さな利益に目を奪われて、後で得られるはずの大きな利益を逃してしまうことがあります。つまり人の選好は一定不変ではなく時間の経過とともに変化したり、逆転したりするのです。このような現象を、行動経済学では**「時間的非整合性」**と呼んでいます。また、こうした人の選好を、現在を将来よりも重視することから**「現在志向バイアス」**と呼んだり、目先のものに囚われることから**「近視眼性」**と呼んだりもします。

マンガでは……

ココロはアタルに仕事を頼まれますが、期限直前まで手をつけません。期限が迫る状況で書類を仕上げる苦しみにあわないようにすることよりも、目先の合コンでの楽しいひと時の方に魅力を感じているのです。

早い段階からコツコツ書類を仕上げれば、確認する余裕もできて、完成度の高いものをアタルに渡すことができるので、アタルに怒られてイヤな思いをしなくて済むし、期限ギリギリの時間との闘いに苦しまないで済みます。もしかしたら褒められて嬉しい思いをするかもしれません。それにもかかわらず、その苦労と褒められることを過小評価し、目先の楽しさや満足感を過大評価してそちらに飛びついてしまっているのです。

簡単に言うと、はじめココロは、期限ギリギリでも、ちゃんとしたものを仕上げることができると考えているため、ココロにとっては「遊ぶ楽しさや満足感（合コン）＞コツコツ仕上げて焦らなくて済むこと」となっています。しかし、期限ギリギリになり、時間もなくなってきて大変な思いをするうちに、「コツコツ仕上げて焦らなくて済むこと＜遊ぶ楽しさや満足感（合コン）」と選好が逆転し、「最初からコツコツやっておけばよかった……」と後悔しているのです。

このココロの例と同様に、冒頭に書いたような健康のために禁煙、ダイエットをした方がいいことは分かっているのに、つい一服してしまう、ついつい甘いものを食べてしまうというのも、将来のことは過小評価し、目先のことを過大評価するという人のクセが表れた結果なのです。

他にも、行くと決めて計画を練っている時には楽しみにしていた旅行が、いざ日程が近づくと準備が面倒になったりして億劫《おっくう》になるというのもこの「時間的非整合性」に当てはまる例です。

次世代にも影響を与える判断のクセ

一般に、ほとんどの経済的な意思決定は、決定する時点と損失や利益を得る時点が時間的に離れている「**異時点間の選択**」であると言ってよいでしょう。たとえ日常の買い物であっても、買う時点と消費する時点はほんのわずかであっても離れているのが普通です。家具やコンピュータのように何度でも使うことができる耐久財、また進学などのように、長い時間にわたって効用が少しずつ得られるような場合もあります。

このように自分の意思決定と利益や損失を得る時点が時間的に離れていることが、私たちの行動に影響を与えているのです。と共に、自己規制の問題も時間と密接に関連しています。現在の消費を我慢して貯蓄をする、おいしいケーキを諦《あきら》めてスリムな体になるなどがその代表例です。しかしこれまでに解説した人のクセを考えれば、このような例で人がどのような行動をとるか、お分かりいただけるのではないでしょうか。

さらにこのような人のクセや判断基準は、環境や年金制度のように、自分自身が生きている時代だけでなく次世代にも関わる公共政策上の大問題にも影響を及ぼしています。極端な話をすれば、インフレや金融機関の破綻《はたん》という心配を除けば、一人ひとりが堅実に貯金して老後に備えれば、政府に年金の面倒を見てもらう必要はありません。ただこのような考えを実際に成り立たせることができないのが、行動経済学が対象とする「現在志向バイアス」を持った〝ヒト〟なのです。

囚人のジレンマ

突然ですが、今朝「このまま起きようか、それとも二度寝しようか……」と迷った人はいないでしょうか。そこで、眠気を堪《こら》えて起き上がった人は、きっと慌てることなく会社や学校に向かえたでしょう。誘惑に負けた人は、二度寝の心地よさを味わった分、後で大変な思いをしたかもしれません。

普段の生活の中でも、私たちは常に何かを得るために費用を払うべきかどうか「選択」をしているのです。この選択の時に起こるジレンマこそ、行動経済学の題材《テーマ》です。経済行動とは、選ぶ・選ばないという決定の繰り返しだからです。標準的な経済学では、完全合理的な経済人を前提としているため、このようなジレンマは生まれません。

人の合理性を考える上で、「**囚人のジレンマ**」と呼ばれる有名なゲームがあります。それは、次のようなストーリーです。

ある事件の容疑者としてA、Bの2人が逮捕され、検事の取り調べを受けます。A、Bは共犯者です。検事は、A、Bを別々の部屋で1人ずつ取り調べ、それぞれに次のように告げます。その際、2人は共に同じ条件が提示されていることを知ってい

●囚人のジレンマ

B

A

	黙秘	自白
黙秘	（−1、−1）	（−8、0）
自白	（0、−8）	（−5、−5）

るものとします。

「お前が自白して、あいつが黙秘したら、捜査に協力したお前は無罪放免。あいつは懲役８年。あいつが自白して、お前が黙秘すればその逆。２人とも黙秘すれば、２人とも懲役１年。ただし、２人とも自白したら、反省を考慮して懲役５年だ」

これを表で表すと上のようになります。数字が懲役の年数で、悪い状態を示すためにマイナスで示しています。あなたが容疑者Ａ、Ｂだったら、黙秘と自白、どちらを選択するでしょうか。

まずは合理的に、容疑者の立場からじっくりと考えてみて下さい。あなたが容疑者Ａの立場だとします。Ｂが黙秘した場合、自分も黙秘すると懲役１年ですが、自白すれば無罪放免です。つまり、自白した方がよいということになります。

では次に、Ｂが自白した場合はどうでしょうか。あなたが黙秘すると懲役８年、自白すれば懲役５年です。つまり、合理的に考えると、Ｂの態度にかかわらず、自白を選ぶことになります。この論理はＢにとっても同じため、Ｂも自白を選びます。

2人とも黙秘すれば1年で済むのに、2人とも自白したために5年の懲役になってしまいます。合理的に考えたせいで、最悪ではありませんが悪い結果になってしまったのです。

この2つの戦略は、「黙秘」を「協力」、「自白」を「裏切り」に置き換えて社会における協力関係に当てはめることができます。

例えば、2人でペアを組んで仕事や課題をこなす場合、2人で協力して頑張ればよりよい成果が得られます。先のストーリーでいえば、懲役1年で済みます。しかし、相方の働きに任せて怠けた方が自分は楽になります。相方が頑張ってくれれば、つまり、尋問に耐えて黙秘してくれて、自分だけさっさと自白してしまえば、相方は懲役8年、自分は無罪放免です。逆に、自分だけが頑張ることになれば、損をしてしまいます。2人ともそう考えて怠ければ、仕事や課題はクリアできません。これが、2人揃って懲役5年になる状態です。

このように考えると、囚人のジレンマも一気に身近に感じられるのではないでしょうか。ゴミの分別や節電・節水等の環境活動もそれと同じです。世界中の人々が皆で取り組めば、大きな成果が上がることでしょう。しかし、自分は取り組まず、他人の努力にただ乗りできれば、自分に都合のいい楽な生活を続けることができます。逆に自分1人だけが行動しても、地球規模の問題には歯が立たず、骨折り損です。そうして皆が何もしなければ、問題は解決しなくなってしまいます。

ただし、実際の私たちは、しばしば囚人のジレンマで考えられる合理的な行動よりも、協力行動を選択します。心理学者や行動経済学者によって行われた実験では、状況にもよりますが、30〜70％の人が協力行動を選択するという結果が出ています。これは、標準的な経済学が前提としている完全合理的な経済人にはありえない行動です。しかし、囚人のジレンマのように、合理的ではない、他者を顧《かえり》みる選択が、かえってよりよい結果を生む場合もあるのです。

選択肢が多いのはイイことなの⁉

標準的な経済学では、人は合理的なので、選択肢が増えることはプラスです。それぞれの特性を完璧に見極めて、その中から一番いいものを選べるからです。しかし、現実問題としてそのような選択は不可能です。私たちが収集し、理解できる情報などたかが知れており、また、商品は使ってみないと分からないことが多いからです。

悩みに悩んで1つを選んでも、小さな難点でも気になり、本当にこれが一番よかったのか？という後悔や失敗の感覚に囚われてしまいがちです。商品を購入する際に必要性、好み、利便性などがせめぎ合い、長い葛藤《かっとう》が始まります。つまり、私たちは多くの選択肢を与えられると、それだけ気持ちに余裕が生じるどころか、気に入ったものを見つけるために、余計に悩まなくてはならない状況に陥《おちい》るのです。結果的に決定が簡単にはできなくなり、購買行動はかえって消極的になります。しまいには「選択肢が多ければ多いほど収穫は少ない」という矛盾した状況が生まれます。実際のところ、私たちにとっては、把握できるだけの限られた情報の中での選択が、一番大きな満足に繋がるのです。

近年、価格比較サイトが急成長したり、女性向けの口コミ雑誌がニュース番組でも取り上げられるほど話題になっているのは、こうした「買いたいのに買えない」状況で、選択基準となる情報を求める消費者の心理が働いているからです。

ついつい真ん中を選ぶ……

そのような心理状況の中で、選択を迫られた際、極端なものを避け、「真ん中のまあまあ」な選択肢を選ぶ――それが**「極端回避性」**といわれる性質です。

マンガでは……

ココロも、プリンターの相場や性能などの知識に乏しく、選択基準を持たなかったため、真ん中を選ぶ行動に出ました。ココロの気持ちとしては、「安くても性能が低くて使いづらいのは困るし、あまり高機能なものを買っても使いこなせるかどうか分からないし、どれだけいいのかもよく分からないし……。とりあえず真ん中でいいか！」というところです。これこそ、極端な選択肢を回避する極端回避性です。

しかも、一番価格の低い選択肢を外し、真ん中にしようと考えたところで、最初の３つにさらに上級の選択肢が加えられると、その３つの中での真ん中、つまり最初の選択肢の中では一番高価だったプリンターに変更してしまうのです。ここに選好の移ろいやすさと極端回避性の強い影響が見られます。

このように、ちょっとしたことで私たちの決定は変わってしまうのです。「新しいものが出てきたから選好が変わる」。このココロの行動は、一見普通に思えるかもしれませんが、標準的な経済学ではありえない行動です。

標準的な経済学は、「消費者は常に自分にとって、もっとも利益が大きくなるよう合理的に行動し、その行動には一貫性がある」という前提のもとに成り立っています。

例えば、ある人がカレーとハンバーグがメニューにあった時にはハンバーグを選び、ハンバーグとスパゲッティがメニューにあった時にはスパゲッティを選ぶとします。では、カレーとスパゲッティがメニューにあった時には、どちらを選ぶと思いますか？

カレーよりもハンバーグ、ハンバーグよりもスパゲッティが好きということなので、スパゲッティと答える人が大半でしょう。たしかに、標準的な経済学の観点からは、カレーかスパゲッティを選択する場合、行動に矛盾がないという前提であればスパゲッティを選ぶはずです。

しかし、行動経済学の観点からいえば、人間というのは常に矛盾のない行動を取るとは限りません。つまり、カレーかスパゲッティを選ぶ際に、カレーが選ばれる可能性も十分にあるということです。

もし、あなたが朝にスパゲッティを食べていたら、どうでしょう？　朝、スパゲッティを食べて、昼も１００％の確率でスパゲッティを食べることはありますか？　いいえ、それはまずないと思います。朝はスパゲッティを食べたので、お昼はカレーにしようと考える人が多いのではないでしょうか。

ココロのプリンター選びの話に戻すと、最初は「上」より「中」を選んだのに、さらに高価なプリンターの存在を知っただけで、選択が「中」から「上」に逆転してしまっています。結局、「中」から「上」に代わっただけなので、合理的に見れば、この決定には、後から出てきた最新型の存在はまったく関わっていません。

こんな非合理的なことは標準的な経済学では成立しません。それでも私たちは、このような状況で新たな3つの選択肢から「真ん中」を選択しがちです。真ん中を選ぶ理由は、「安いものや高いものを選択して失敗すると嫌なので、真ん中でいいや」という無意識の自己防衛本能が働いているためです。また、それが一番だと思わせるちょうどいい理由を見つけた気がするのです。

私たちは誘導されている⁉

この極端回避性は、マーケティングにもよく使われます。「松・竹・梅」「特上・上・並」の中で、竹や上を選ぶという心理に心当たりはないでしょうか。一般に価格設定は、このような消費者心理を巧《たく》みに分析して行われています。

飲食店を対象に行ったある調査によると、価格差により違いはありますが、A、B、Cという3つのコースがあれば、それぞれ、2割、6割、2割の売上比率になるという結果が出ています。

多くの飲食店は、客の極端回避性を狙った価格戦略を採っているということになります。コースを選べるようにしつつも、大半は真ん中のメニューを選ぶということが分かっているので、もっとも売りたい価格をメニューの真ん中に設定すれば、飲食店側は、それに基づいて売上を予測することができます。

ココロに最新型を勧めてきた店員も、もしかしたら、さらに高いものを見せることで「中」を安いと感じさせ、「上」に変更する行動を、販売の経験から予測していたのかもしれません。

第2章

思い込みはなぜ生まれる？

ヒューリスティク

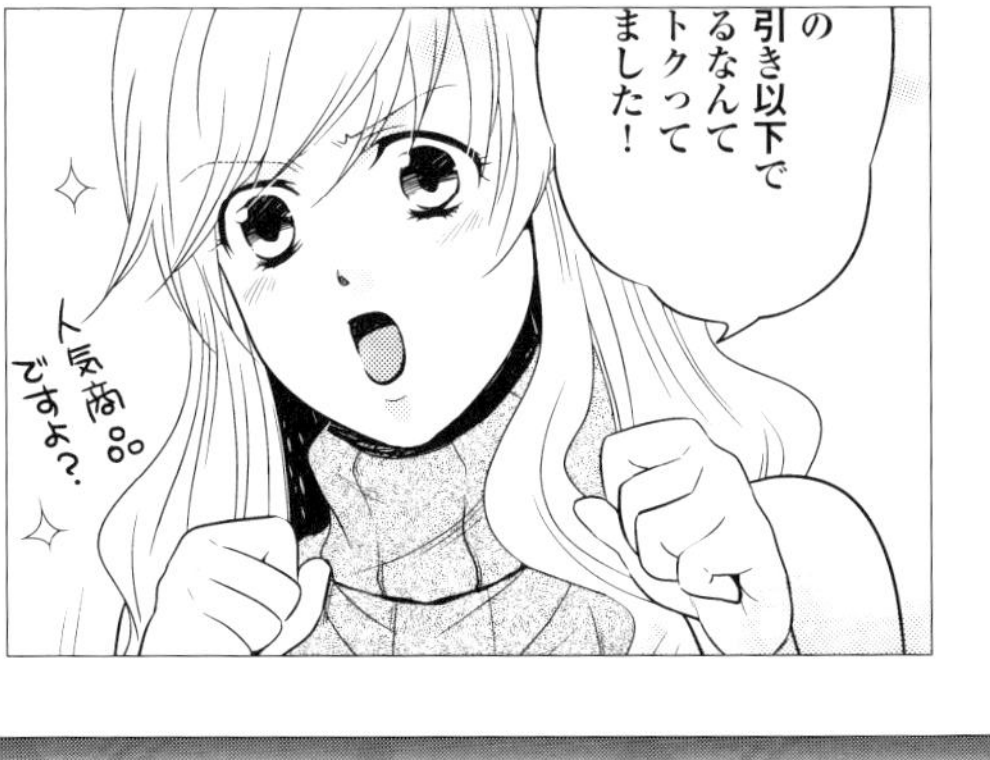
の
引き以下で
るなんて
トクって
ました！
人気商品ですよ？

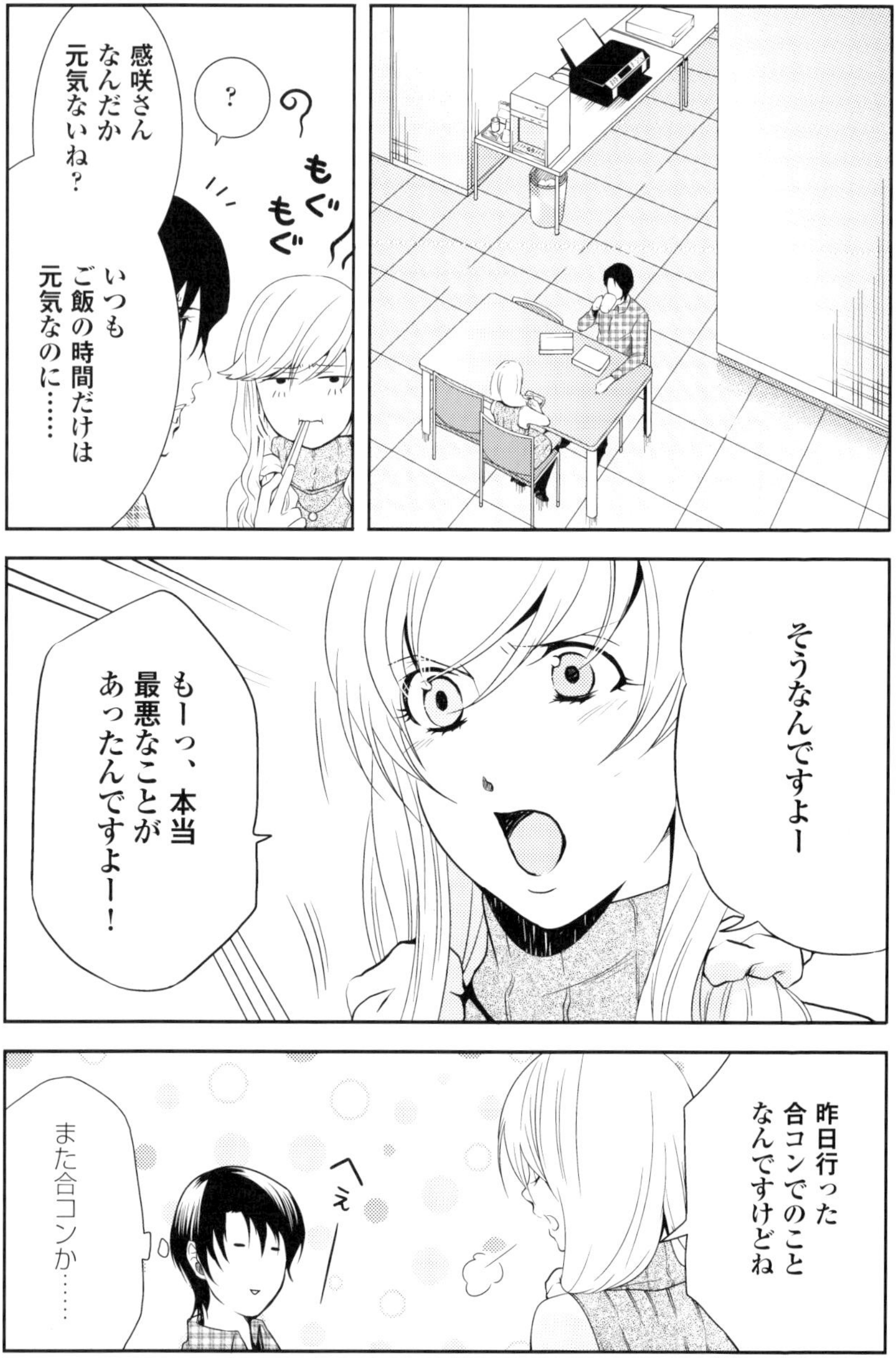

もぐもぐ
?
感咲さんなんだか元気ないいね？
いつもご飯の時間だけは元気なのに……
そうなんですよー
もーっ、本当最悪なことがあったんですよー！
昨日行った合コンでのことなんですけどね
へぇー
また合コンか……

数日前——

合コンに向けて可愛い服を用意しなくっちゃね♪

どれにしよっかな～

あっ！

それ可愛いですよねぇ～ 今月号の『Rei』にも載ってるんですよぉ！

そうなんですか？

このモデルさんが着ている色が一番人気で発売してスグに完売しちゃったんですけど今朝やっと入ってきたんですよぉ～

オトナコーデで彼氏に
えっ？私、このモデルさん大好きなんです！

でも9000円もするんだよな…
¥9,000-
M size
どうしよっかなあ…
今なら期間限定セールなので5900円でお求めいただけますよ
えっ！
セールは間もなく終了しますしその商品は残り少ないので早い者勝ちですよ
期間限定…残りわずか…
かっ買います！
ちーん
ありがとうございます！
そして、合コン当日―

はあっ
はあっ
タッ タッ
タッ タッ
お待たせ～!
ゼハァー ゼハァー
もーっ
ココロの遅刻魔!
みんな待ってるよ～
って…
ああっ
そのワンピース!
ばっ
たり
うっわ～
最悪!
なんで
かぶってんのよ
知らないわよ!
もー
とにかく
店に入るわよ!
はあ…
テンション
下がる～…
トボ
トボ
やあ
こんにちは

ズーーーン
待ってたよ
ズン
何コレ
イメージと
全然違うっ
いやぁ
女子大生と飲むなんて
久しぶりだよ
名前何ていうの？
ピース!?
もじもじ
か…
感咲ココロです
よろしくね
ココロちゃん
カワイイ名前
よ…
よろしくお願いします
ざわわ
……と

いうわけなんですよ
アタルさーん！
あー
はいはい
わーん
電博堂っていうから
超エリートでイケメンだと
思ったのに〜！
冴《さ》えない人たちばっかで
話もつまんなかったし
行かなきゃよかった！
それは災難だったね
（棒読み）
たまには痛い目にあいなさい
アタルさん
本当は
そう思って
ないでしょ
まあ君は
「電博堂＝超エリートで
イケメン」
っていうイメージを
持っていたみたいだけど
そんな人たちは
ごく一部でしか
ないんだよ
そして座りなさい
たしかにそうかも
しれないですけど…
イメージ的に
期待しちゃう
ぷー

例えば
ココロちゃんが通ってる女子大ってかなり上品なお嬢様ってイメージがあるからココロちゃんもそんな風に見られたことってない？
そうそうそうなんですよ！
実際には上品でもないしお嬢様って感じでもないのに
ゴーン
たしかに上品でもないしお嬢様って感じでもないね
ニコ
僕たちは知らず知らずのうちに一部分だけを見て全部をそうだと判断しがちなんだ
今日のアタルさんつっかかってくるな〜…

むすっ
そうなんですか…
それにしても服がかぶったのはショックだったな…
どうしてその服が欲しいと思ったの？
えっ？
どうしてって…
すぐに完売して再入荷したって言われて、つい…
期間限定セールだし～
そうやってまたまんまと乗せられて
はい…
みんなの言ってることやってることに流されて判断しちゃったんだね

他にも いろんな服が あったはずなのになぁ
「雑誌に載っているから」「すぐに完売したから」という理由で すごくいい服だと 思ってしまったんでしょ？
そうなんですよね… 私そんなの ばっかかも…
でも、それは 君だけじゃないよ
ネット通販ページで 他のユーザーが 書き込んだレビューを 参考にしたり テレビのランキング番組を見て 買うものを決めたり……
最新人気スイーツ
ランキング
僕たちがよく やっている ことだよね
そっか！ 私もランキングは 常にチェック してるし～
人がいかに 流行などの情報に 影響を受けやすいかと いうことが分かるね

でも定価９０００円の服が５９００円で買えたんだからお得じゃないですか⁉
その定価９０００円という数字の罠《わな》にも引っかかったんだね
ガタッ
えっ⁉ どういうことですか？
最初に店員に勧められた時値段を見てどう思った？
ちょっと高いなって思いました
でも、そこで店員がすかさず「期間限定セールで今なら５９００円」という話を持ち出した……
どう思った？

定価の3割引き以下で買えるなんて超オトクって思いました!
人気商品ですよ?
で買うことにした
そうです
なら最初から定価5900円で売られていたらどうだった?
う~ん お得感はないからちょっと…
だろ?
パコン
最初に提示された情報次第で僕たちの判断は変わってくるんだよ
考えてみればそうですね…
これからは気をつけないと…

しっかり
反省したところで
そろそろ
仕事に戻ろうか
ガタン
あっ
はい
ガタ
ヴーヴーン
ちょっと
失礼します
コン
コン
長電話はダメだよ
え？
なになに
合コン？
医大生と？
そんなの
私…
シャキーン！
行くに
決まってるでしょー！
こりないなぁ
この子は…

不確実な事柄を解く鍵

「ヒューリスティク」は、問題を解決する、あるいは不確実な事柄に対して判断を下す必要があるけれども、そのための明確な手掛かりがない場合に用いる方法のことです。つまりヒューリスティクとは、どこから手をつけていいか分からない問題を解くための鍵《かぎ》であり、日本語では「方略」「発見法」「近道」などといわれています。

ヒューリスティクと対比されるのが「アルゴリズム」といわれる、手順を踏めば厳密な解が得られる方法です。例えば、数学で用いられる公式などがアルゴリズムの例です。三角形の面積を求める公式もアルゴリズムの一種であり、「（底辺×高さ）÷2」という公式に当てはめれば、求めることができます。

「急がば回れ」とか「郷《ごう》に入《い》りては郷に従え」といった諺《ことわざ》や格言の類《たぐい》はヒューリスティクであり、日常生活で役立つ真理の一端を捉えています。しかし、ヒューリスティクは完全な解法ではないだけに、時にはとんでもない間違いを生み出す原因ともなってしまいます。

不確実性がある場合の意思決定を理論化するには確率が必要ですから、人が確率をどのように捉えているのかが重要です。私たちは普通、ある人が選挙に当選する見込み、景気がよくなる見込み、試合に勝つ見込みといった「見込み」を確率という言葉で表現します。そのような確率は通常、何らかの根拠に基づいて客観的に判断されることもありますが、大部分は直感をもとに判断されます。直感的な判断によって得られる主観確率は、果たして正確なものでしょうか。

認知心理学者のダニエル・カーネマンとエイモス・トヴェルスキーは一連の研究の中で、人が確率や頻度《ひんど》について判断を下す時にはいくつかのヒューリスティクを用いるが、それによって得られる判断にはしばしば「バイアス（偏り）」が生じることを明らかにしました。

よく覚えていることは、よく生じる？

ヒューリスティクの1つ目は「**利用可能性ヒューリスティク**」です。これは、ある事象が出現する頻度や確率を判断する時に、その事象が生じたと容易に分かる例（最近の例、顕著《けんちょ》な例など）を思い出し、それに基づいて判断するということです。

ここで重要な役割を果たしているのは記憶、特に長期記憶です。貯蔵した記憶から直《ただ》ちに使えそうな例を思い浮かべ、それによって判断を行うのが、利用可能性ヒューリスティクなのです。しかし、記憶した内容が様々な原因に影響されて改変されたり、一部しか覚えていなかったりということは日常よく経験します。そこで、容易に頭に浮かぶことが、必ずしもその対象の頻度や確率を正しく表していない時にはバイアスが生じることになります。

こんな実験があります。

> ① 小説の4ページ分（約2000語）の中に、7文字の単語で末尾がingで終わるものはいくつあると思うか。
>
> ② 小説の4ページ分（約2000語）の中に、7文字の単語で6番目がnのものはいくつあると思うか。

回答の平均は、①では13・4個、②では4・7個でした。

回答者が、ingで終わる単語の方が、6番目がnである単語よりも多いと見積もったのは、後者よりも前者の方がその形の単語（例えばrunning, evening）を思い出しやすい（すなわち容易に頭に浮かぶ）からです。しかし、①に当てはまる単語は当然のことながら②の条件も満たしていて、逆に②を満たしていて①を満たさない例（例えば、daylong, payment）はたくさんあるので、②の単語数は必ず①より多くならなければなりません。しかし、回答者の答は①の方が②より多くなっています。

この実験結果は、確率が満たされなければならない性質のうち連言事象に関する規則に反することになります。つまりA、Bを2つの事象とすると、AかつBが生じる確率は、Aが生じる確率とBが生じる確率のどちらよりも大きいことはありえないのです。

例えば、家を出た時に最初に出会う人が女性で眼鏡をかけている確率は、最初に出会う人が女性である確率と、眼鏡をかけている確率それぞれより高いことはありえません。このようなバイアスはしばしば「連言錯誤」と呼ばれており、確率に関するバイアスの中でもっとも多く生じるとされています。

また、アメリカでは、自殺と他殺どちらが多いか？と尋ねると、大部分の人は他殺と間違って答えるそうです。このバイアスも利用可能性ヒューリスティクが原因です。

他殺事件のニュースはマスコミを通じて毎日のように接する機会があるため、すぐに頭に浮かびます。しかし自殺の例は思い当たることが少なく、マスコミに記事として取り上げられる機会もはるかに少ないのです。アメリカでは、年間に自殺者は3万人、他殺者は1万5000人程度です。

最近の日本では自殺が明らかに多く、また自殺者の増加が問題となっていてマスコミによる報道も多いため、このような誤りは生じないでしょう。

メディアや親しい友人、家族、権威（がありそうな）者などからもたらされた情報、自分の感情に強く訴えかける出来事や情報などは印象や記憶に残りやすく、情報の信憑《しんぴょう》性や、そうした情報通りに出来事が生じる確率は高いと判断されやすいのです。

最近、大きな地震が頻発していますが、大地震の直後には防災グッズの購入者や地震保険の加入者が増加することはよく知られています。日本ではＢＳＥに感染した牛が見つかった直後に牛肉忌避《きひ》騒動がありました。これらは利用可能性ヒューリスティクが確率の見積もりを増加させて、さらに忌避行動を助長させた例です。

利用可能性ヒューリスティクを生み出す大きな原因は、印象や記憶に残りやすい事象や出来事ほど現実のものとしてイメージしやすいことです。

次のような興味深い実験があります。

女子学生120名に対して、学内である病気（実験のために設定された仮想的な病気）が蔓延《まんえん》する兆《きざ》しがあるので、その症状が書かれている紙を読んで、3週間以内に自分がこの病気にかかる可能性を判断するよう依頼しました。病状は10段階に分かれています。

学生は４つのグループに分けられ、グループ１には、この病気にかかると、活力低下、筋肉痛、しばしばひどい頭痛が起こるなど、症状について具体的で以前に経験のありそうな記述がされている紙が渡されました。

グループ２には、方向感覚の若干《じゃっかん》の喪失、神経系の機能不全、肝臓の炎症など、より抽象的な記述がされている紙を渡しました。

グループ３と４に対しては、症状の記述はグループ１、２とそれぞれ同じですが、この病気にかかったとしたら３週間後に自分がどのような症状を示しているのかを具体的にイメージしてから、この病気にかかる可能性を判断するようにと求めました。

結果は、この病気にかかる可能性がもっとも高そうだと判断したのは、グループ３のメンバーであり、次にグループ１、グループ２と続き、グループ４のメンバーはもっともかかる可能性が低いと判断しました。

つまり、症状の記述が具体的で自分がかかっている状態をイメージしたグループはもっともかかりやすいと思い、逆に症状が曖昧《あいまい》なために、自分がかかっている状態がイメージしにくいグループがもっとも病気になりにくいと判断したのです。

さらに、利用可能性ヒューリスティクによって、社会的な情報がどのように伝達され、人がそれをどのように学習するかに関して影響が及ぼされる可能性があります。入手しやすい情報ほど人から人へと伝達されやすく、ある考えや判断が社会に広く行き渡る傾向があります。特にインターネットの普及によって、その速度は速くなっています。

こうなると思っていた!!

利用可能性ヒューリスティクが引き起こす他のバイアスの1つが**「後知恵バイアス」**です。起こってしまった後で「そうなると思っていた」とか「こうなることは初めから分かっていた」などということはよくあります。このように、結果を知ってから、あたかも事前にそれを予見していたかのように考えてしまうバイアスのことを後知恵バイアスといいます。

ある実験で、46人の被験者に、アガサ・クリスティの書いた本の総数を推定させました。推定の平均値は51冊でした。

後日、被験者に正解（67冊）を知らせ、自分のもともとの予想を思い出すように言ったところ、その平均値は63冊に上昇しました。つまり、結果を知った後では、自分が正解により近い予測を行ったと考える人が多かったのです。

この後知恵バイアスもまた、利用可能性ヒューリスティクによって生まれます。事態が生じた後では、そのことが事実として印象に残り、そこで、事前に予測した値を過大評価してしまうのです。


後知恵バイアスは経済行動に影響を及ぼす可能性があります。

ある銘柄の株価が下落した後で、「こうなるのは分かっていたんだから、他の株に投資すればよかった」とか、「素人《しろうと》の自分でさえそう思うのだから、株を勧めた証券会社の専門家には当然分かっていたはずだ」などと考え、訴訟にまで発展するかもしれません。

あるいは、よさそうに見えるものが安く買えたので喜んでいたのに、実際は粗悪品だった時、「安いから悪いものだと思ったんだ」などと考えるのも後知恵バイアスの例です。

勝手な思い込み

ある集合に属する事象がその集合の特性を「代表している」と考えて、頻度や確率を判断する方法、これが2つ目のヒューリスティクである**「代表性ヒューリスティク」**です。

これは、ある事象が、それが属する集合の特性と「類似している」と考えてしまうこととも言い換えられます。したがって、その集合の持つ特性と現実の事象の特性の関連性が低い場合には、様々なバイアスが生じることになります。つまり、代表性ヒューリスティクとは、一部分だけを見て全体の性質を判断してしまうこと、簡単にいうと「思い込み」です。

マンガでは……

ココロが「電博堂の人＝超エリートでイケメン」だと思ったという部分が、代表性ヒューリスティクの例です。

ココロが想像していた電博堂の社員のイメージは、ごく一部の人にだけ当てはまるものであって、電博堂の社員全員がそうではありません。それなのに、すべてがそうだと思い込み、間違ったイメージを持ってしまったのです。ココロは一部分だけを見て全体の性質を判断してしまっている、つまり代表性ヒューリスティクの影響を受けているといえます。

この電博堂の例だけではなく、私たちは様々なところで、この代表性ヒューリスティクの影響を受けています。

例Ｉ

4面が緑、2面が赤のサイコロがあります。このサイコロを何回か振った場合、次の３つの系列のうち、どれがもっとも生じやすいと思いますか？　Ｇは緑の面、Ｒは赤の面を表しています。

①　ＲＧＲＲＲ
②　ＧＲＧＲＲＲ
③　ＧＲＲＲＲＲ

多くの人は②を選び、次に多いのが①、③を選んだ人はごくわずかでした。

つまり、②の順番がもっとも起こりやすい、すなわちサイコロの面の出現系列として「代表的」であるという判断がなされたからです。ところが、②は①の先頭にＧを付け加えたものですから、①の方が②より出現頻度は高いと考えなくてはいけません。

例Ⅱ

朝学校に行ったら、窓ガラスがすべて割られていたとします。窓ガラスを割った犯人は、A．高校生、B．暴走族の不良男子高生、のどちらがありうるでしょうか？

直感的に、Bを選んでしまう人が多いでしょうが、選択肢をよく見ると、高校生を示す範囲として、BはAより限定的であり、逆にAはBよりも広いため、Aである確率はBよりも高いはずです。しかし、「暴走族」で「不良」といった特徴が、窓ガラスを割りそうな典型として強く認知されるために、代表性ヒューリスティクが働き、Bを選んでしまうというわけです。

夜中に全身黒ずくめの服装で目つきの悪い人に路上で出くわしたとしたら、泥棒か何かの犯罪者ではないかと思ってしまうでしょう。いかにも犯罪者を「代表している」ような格好だからです。しかし、その直感は正しいとは限りません。犯罪者が全人口に占める存在割合からすると、いかにも犯罪者らしく見えたとしても、その人が犯罪者である確率は直感的判断より割り引いて考えなければいけません。

このように私たちはステレオタイプ（固定観念）に惑わされ、確率判断における基準値（実際に起こる可能性や確率）の無視あるいは過小評価をしてしまうのです。

次の項からは、代表性ヒューリスティクに関連しての補足です。

少数の法則

悪天候や整備ミスなど典型的な特徴を多く持つ航空機事故が起きると、その事故の代表性ヒューリスティクが高いため、航空機事故の起きる確率が過大評価されます。つまり、飛行機事故が起きる確率は相当低いのに、飛行機はもっとも事故の確率が高い乗り物であると思ってしまうのです。このように思ってしまうことってありますよね。

「少数の法則」とは数少ないサンプルであっても、母集団の性質を代表すると考えてしまうバイアスです。つまり、標本が大きい（多い）方が母集団の性質をより表しているという「大数の法則」に反して、より少ない印象的なサンプルで全体を推測してしまうことです。これは人間の思考のクセであり、「大数の法則」に対して「少数の法則」といいます。

ギャンブラーの誤り

野球の試合中継で、シーズン打率2割5分のバッターがその試合ではそれまで3打数無安打だと、解説者が「確率からいっても次の打席ではヒットが出るはず」と言ったりしますよね。これは「**ギャンブラーの誤り**」の一例です。

つまり、少数のサンプルでも確率通りに出ると考える誤りです。少数の法則によってバイアスがかかった例としてあげられるものです。

「平均への回帰」の無視

一般に数値は短期的には上下しても、大数の法則により、長期的には平均値に収束します。この現象を「**平均への回帰**」といいます。これは野球選手の打率や成績にも当てはまります。短期的に数値が上下するのは偶然に影響されるからです。ある月はたくさんホームランを打っている選手も、シーズン終了時にはほぼ例年通りの成績になっていることはよくありますよね。

代表性ヒューリスティクは、この「平均への回帰」を見過ごしてしまうために起こ

●アンカリングは船の錨

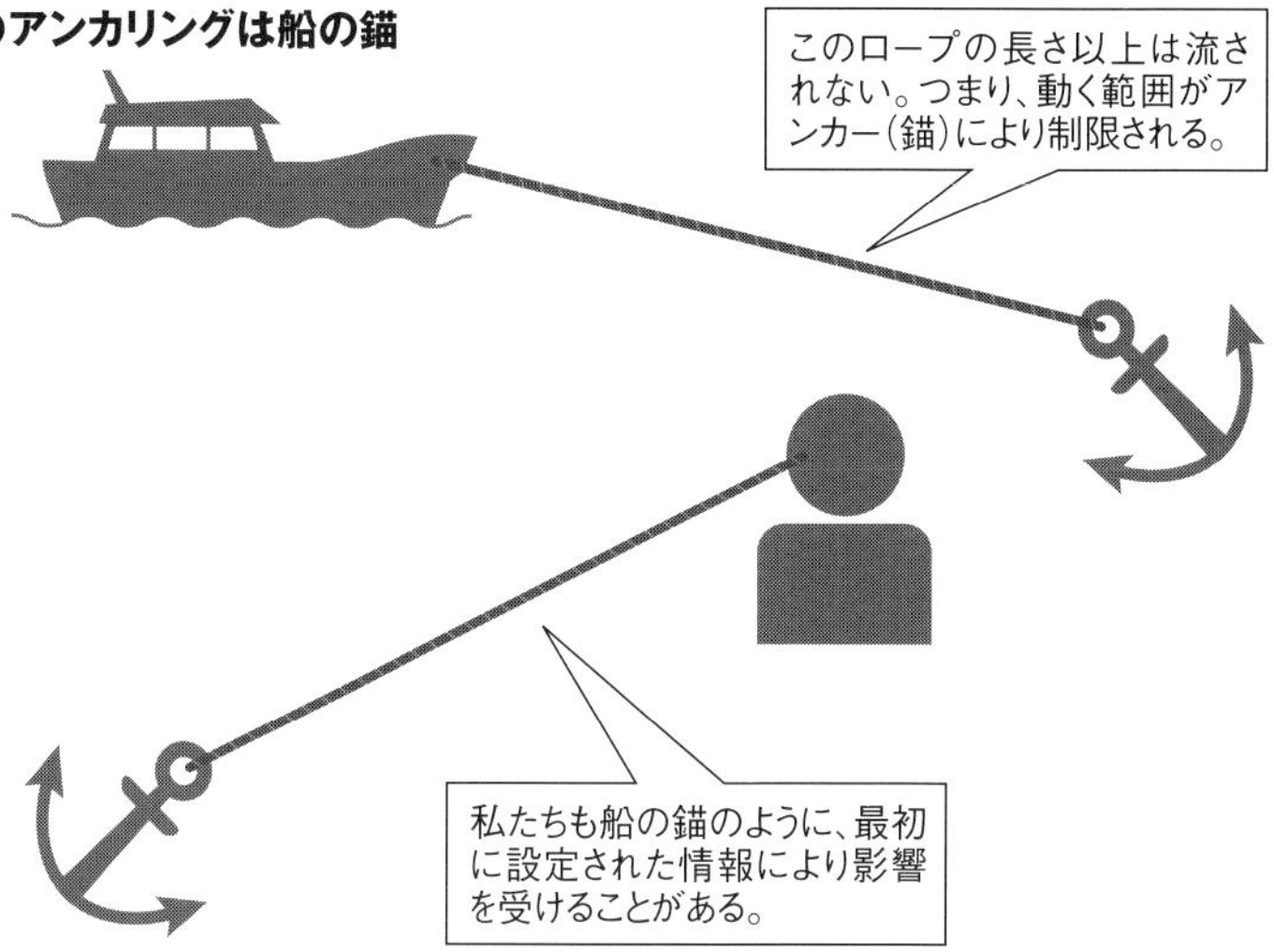
このロープの長さ以上は流されない。つまり、動く範囲がアンカー（錨）により制限される。
私たちも船の錨のように、最初に設定された情報により影響を受けることがある。

ります。短期的な数値に惑わされて思い込みや早とちりをしてしまうのです。

アンカリングは船の錨!?

「アンカリングと調整」とは不確実な可能性を予測する時に、ある値を設定し、それをもとに調整をして決定を下すことです。といっても、これだけでは漠然としていて分かりづらいと思います。

そこで具体的な例をあげて考えてみましょう。そもそも、このアンカリングという言葉のもとになっているアンカーとは、ボートや船を係留する錨《いかり》のことです。船やボートは放っておくと潮の流れや風で流されてしまいます。それでは困るので、水中に錨を沈めて流されないようにします。船は錨とつなぐロープの長さ以上には動けません。これと似たようなことが、私たちの頭の中でも起きているのです。

私たちには不確実なことを予想する時、少しでも情報を集めて確実な決定をしようとする傾向があります。しかし、決定を下す際に最初に得た情報に引きずられてしまうことがあります。これが**「アンカリング効果」**と呼ばれているバイアスです。では、私たちの行動がどのように影響を受けるのか考えてみましょう。

さっそくですが、次の計算問題に3秒で答えて下さい。

問1

8×7×6×5×4×3×2×1を求めよ。

3秒と言われると、そろばんでも習っていない限り難しいでしょう。では、気を取り直して、もう一問解いてみて下さい。次も3秒以内です。

問2

1×2×3×4×5×6×7×8を求めよ。

「あれっ」と思った人もいるでしょう。どちらも、１から８を順番に掛ける計算です。正解は、両方とも４０３２０になります。

この２つの問題を、それぞれ２つのグループに解かせた実験があります。すると、問１の計算を与えたグループでは答の平均値は２２５０になり、問２のグループでは平均値は５１２になりました。正解は１つなのに答に大きな違いが出たのはどうしてでしょうか。

どちらのグループも問題を解いた時、初めのいくつかの数字を計算しそれをアンカーにして、残りの部分は適当に計算し慌てて答を出したと思われます。その際、数字が大きい順に並んでいる問１の場合には、より大きく、問２のように小さい順に並んでいる問いには、より小さくアンカーの積を予想します。そのために見積もりが正確にできず、問１では大きく、問２では小さく答を出してしまったのです。このように初めの数字の印象に影響されて、答を出してしまうのがアンカリング効果なのです。

このように、私たちの判断は事前に与えられた情報によって変化することがあります。

こんなにも身近なアンカリング

では、アンカリングは私たちの生活のどんな場面に関係しているのでしょうか。一番身近なのは普段の買い物でしょう。買い物をする時に、商品の価値を正しく判断するのは至難の業《わざ》です。そこで私たちは確認できる情報にヒントを求めます。例えば、定価1万円と表示されている商品が5000円で売られていると、「普段の価格より5000円も安い」と判断して買ってしまうことがあります。

他にもアンカリング効果を見つけることができます。例えば、価格交渉です。初めに希望額より高い提示をしておいて、最終的に自分の希望の金額で話をつける方法があります。これも最初の提示額をアンカーとし、交渉を思い通りに進めようとしているという意味で、アンカリング効果を利用しているといえます。

とはいえ、最近ではアンカリングを利用した二重価格が問題になっています。二重価格とは「比較対象として同一でない商品を用いたり曖昧な表示をしたりすること」です。例えば、眼鏡店でフレーム+レンズ一式で「メーカー希望価格の半額」とチラシにあるのに、実際にはメーカー希望価格が明記されていない場合があります。こういった表示は不当な価格表示になる場合があります。

マンガでは……

さて、このアンカリングがマンガのどの場面で使われていたか、覚えていますか？ココロが合コンの勝負服を買いに行った場面で使われていましたね。店に入ったココロは、店員に勧められた９０００円のワンピースを買おうかどうか迷いましたが、期間限定のセール価格５９００円に釣られて買ってしまいました。

この場面では、最初の９０００円がアンカーになり、５９００円が割安に感じられるというアンカリング効果が利用されています。このようにアンカリングは、メーカー希望価格→割引価格という形で用いられることも多いようです。

あの諺もヒューリスティクだった⁉

日本には古くから「郷に入りては郷に従え」という諺がありますが、私たちも不確実な出来事に遭遇したり、何か判断を迫られる状況に陥ったりした際に、解決の手がかりとして〝多数派〟の意見を採用してしまうことがよくありますよね。そうした傾向のことを**「多数派ヒューリスティク」**といいます。

例えば、あなたが最近何かを購入した時のことを思い出してみて下さい。本でも、家電製品でも、化粧品でも構いません。お店に向かう〝前〟の行動に注目してみましょう。

そうです、インターネットでランキングや口コミ情報の載っているサイトを見て、ユーザーのレビューや人気ランキングをチェックしませんでしたか？　すでに使用している友人たちに意見を聞いてみませんでしたか？　そうして、いざお店に向かうと、今度は店頭の売れ筋ランキングが気になってその前で足を止めたのではないでしょうか。あなたが自分の意志に従ったと思い込んでいる買い物も、実は流行や口コミ、ランキングといった多数派の様々な意見がヒューリスティクとして作用した結果なのです。

マンガでは……

ココロは合コンのための勝負服を買いに行きましたが、そこでは〝流行〟が多数派ヒューリスティクになっていました。たまたま目に留まっただけの服が、「雑誌に掲載」「モデル着用」「一番人気で即完売」といった情報を聞いた途端、俄然《がぜん》欲しくなってしまいました。

ココロはそうでも、「私は、失敗をしないように慎重に比較検討して、ベストな選択をしている」と思う人もいるでしょう。しかし、私たちは選択肢が増えれば増えるほど自由を手にしているようで、逆に判断が難しくなっているのです。

ものが溢《あふ》れている現代のような社会では、何を購入するにも膨大な選択肢が用意されています。そのすべての内容を把握することは不可能とまではいわなくても、労力がかかり過ぎます。ですから、私たちはその作業を効率化すべく、みんなが〝いい〟と言っているものは、きっと〝よいもの〟なのだろうと他人の評価に判断をゆだねてしまうのです。

ココロも自分では気に入って買ったつもりでいた渾身《こんしん》の勝負服が、一緒に参加した友達とかぶってしまうという悲劇に見舞われていました。それは流行に影響されるのがココロに限ったことではなく、ココロの友達を含め、社会全体で起きていることだからです。周りを見渡すとみんなが流行を意識した、同じようなファッションに溢れているのではありませんか。ベストセラーの本ばかりが売れるのは、本当にその作品が面白いからなのでしょうか。〝みんな〟を意識した生活は、きっと多くの人が身に覚えがあると思います。

この多数派ヒューリスティクは「伝統」や「慣習」に対しても働いています。街で就職活動中の学生が歩いていると、すぐに分かりますよね。スーツを着ている若者は〝社会人〟である確率の方が圧倒的に高いはずなのに、なぜなのでしょうか。それはスーツからカバン、靴、髪の色まで黒一色に染まり、不自然なまでにビシッと固められた髪型といった就活生の「慣習」となった身なりが、周りの社会人とは明らかに違って見えるからに他なりません。

一度、集団内で習慣化したものは、そうしなければいけない確かな理由があるわけではなくても続いていきます。伝統や慣習に従うのは、そのこと自体に〝よさ〟を感じているからではありません。自分以外の人たちは〝そうあること〟を望んでいて、もし自分だけがみんなと違うことをすれば、自分も一員である集団から笑い者にされたり、疎外されたりしてしまうことを恐れて黙認してしまうからです。

内心ではそれぞれが違うことを感じているはずなのに、他の人がどう思っているのかが分からないので、結果としてみんなが同じ行動を取ってしまうのです。

とりあえず直感で……

私たちの意思決定や判断は、「感情と理性のダンス」といわれるように、感情や直感と理性の連携によって行われています。つまり、その物事に対して「いい」「悪い」などといったプラスあるいはマイナス感情を直感的に捉え、それをもとにして選択肢を絞り、最終的な判断を下しているのです。

「直感なんかで判断しているわけがない」とお思いでしょう。しかし、問題が複雑であったり、熟考する時間がなかったり、問題に対する予備知識や判断材料が少なかったりした場合には、特に「感情」がヒューリスティクとして機能しているのです。

ここで質問です。

「あなたは原子力発電には賛成ですか、それとも反対ですか」

実際には、即断できないという人が多いと思います。ですがそんな時、「クリーンで環境にもいいらしい」というプラスのイメージが浮かんだ人にとっては、原子力発電はリスクが小さく、利益が大きいものと見なされたでしょう。反対に、「放射能の問題もあるし、事故が起きたら大変だ」というマイナスのイメージが浮かんだ人にとっては、リスクが大きく、利益は小さいと見なされたことでしょう。

原子力発電を含めて、薬品や機械など科学技術がもたらすと想定される利益と、起こりうるリスクとの間には、正の相関関係が成り立つことが多いのです。にもかかわらず、私たち人間は、その逆の相関関係、つまり利益が大きければリスクは小さく、利益が小さければリスクは大きいと想定する傾向を持っています。

ですから、ある活動が自分たちに多くの利益をもたらすという情報を与えられると、そのもののリスクは小さいものだと認識し、逆に、大きなリスクを伴うという情報を与えられれば、利益は小さいと認識するのです。このように、ある活動や技術に対する評価は、どう考えたかではなく、どう感じたかという部分に大きく影響されているのです。

となると、このように様々な決定を感情に任せてしまっても大丈夫なのだろうか、と心配になりますよね。ですが、この方が逆に合理的に考えるよりもよい結果をもたらすこともあるのです。

「コミットメント」とは、1つを残して他の選択肢を放棄することで、自分または他人の行動を制限し、特定の対象に積極的に影響を及ぼそうとすることです。例えば、夏までにダイエットしたい女性が、友人に今日から甘いものは食べないと宣言、守れなかったら何か奢《おご》ると約束し、可愛いビキニを買って部屋に飾って眺め、それを海で自信満々に着こなす自分を夢想するというような行動です。このようにコミットメントによって解決できる問題を、**「コミットメント問題」**といいます。

このコミットメント問題については、合理的な計算よりも感情が強力な解決手段になる場合もあります。その最たる例が、夫婦関係における愛情の役割です。誰もが幸せになることを望んで結婚するのでしょうし、失敗したくはありません。しかし、何十年と続く結婚生活の成否を前もって予測したり、合理的な計算によって検討したりするのは難しいでしょうから、とてもそんなことで結婚すべきかどうかを決めるなんてできません。

だから、「愛する人」と結婚するのです。結果的にこれがもっとも長期的な利益をもたらす確率が高いからです。愛する人と結婚するというロマンチックな決定には、愛情がしっかりとコミットメントの役割を果たしているのです。

Behavioral

第3章

人は得と損のどちらに敏感？

プロスペクト理論

Economics

日曜日──
急用があるって言うから来てみれば……
買い物に付き合えってどういうことさ⁉
たまにはいいじゃないですか～♪
そ・れ・に
社員と仲良くするのも仕事のうちですよ！
君はバイトだろ
ぎゅ

まあ、いいか
ココロちゃんは意外と真面目に働いてくれてるしそのご褒美ってことで
ふー
意外とってなんですか!?
まーまー
それで今日はどうするのかな?
行きたいお店があるんです♪
ささこっちこっち!
タッ
おいおいあまりくっつくなよ
見て下さい長ソデなんですよ〜
だって今日寒いんですもん

そういえば寒いかもね
初夏にしては…
でも天気予報には今日の最高気温は20度ってありますよ
今日の天気
くもり　最高気温２０度
意外と高いのね
夏は暑いのが当たり前だからね
20度でも寒いと思ってしまうんじゃない？
そっか！冬だと20度あればあったかいと感じるかも
うん　それと一緒だよ
IVE TO OLIVIE

あ、ちょっと
このお店
見てっていいですか？
うん
いいよ
ウィーン
いらっしゃいませー
私、ここのお店
よく来るんですよ
今日着てる服も
ここで
買ったものだし
そうなんだ
周りが
女の子ばっかで
恥ずかしいな
ゴホン
カチャ
あっ
これ可愛い～♪
キラ
キラ
でも
ちょっと高いな……
！
ちらっ
……最初に
言っておくけど
ほしいものは
自分で買うんだぞ
けちんぼ！
なんとでも
言え！
べえっ
クスクス
クス

ココロちゃんってさ
他のお店ではあんまり服買わないの？
そうですね…行くお店は2、3軒決まっててあんまり冒険はしないかも
他にもたくさんお店あるしもう少し安いところだってあるんだから行ってみればいいのに
分かってはいるんですけどね
なかなか踏み込めなくて…って
あっ
香
フレグランスショップ
ここここ！
このお店です来たかったの
香水屋さん？
私香水集めるのが趣味なんですよ～
いろんな香りが楽しめるし可愛いし♪
ウィーーーン

ふーん
たしかに可愛いし
種類も豊富だね
あ
これこれ♪
それにするの？
はい
つけるのはこれって
決めてるんです
Baby Tall
ほら
同じシリーズで
新商品が出てるよ
！
でも
これって
決めてるから……
せっかくだから
いろいろ
試してみれば
いいのに
う～ん…

その香水
気に入っているんだね
まあ…
長く使ってるし
それに
他の香水に代えて
やっぱり
気に入らなかったら
嫌だし……
うーん
うーん
コト
やっぱり
いつもの
香水にします
ココロちゃんみたいに
同じ商品を
買い続けたりすることは
ほとんどの人が
やっているよね
どういう
ことですか？
例えば

つい、いつも同じブランドのものばかり買ったりすでに持っているものと同じような色やデザインの洋服を何枚も買ってしまったり…
仕事とかでもあまり納得していないけれど決められた会社の方針には従ったりちょっとした不満があっても同じ職場にとどまっていたり……
今の職場は気に入ってますけど♥
言われてみればそうかも
考えてみたら思い当たることってたくさんあるよね
でもこの香水は買いますよ〜!
レジに行ってきます
Baby Tall
ピタッ
?

ア・タ・ルさん♪
私、お金
ないんですよ～
くるっ
くねくね
気持ち悪いよ!
だから自分で
買いなさい!!
毎月10万
給料あげてるでしょ
でも
友達の中には
月に15万稼いでる子も
いるんですよ!?
ココロちゃんって
お給料少なくて
大変だね～
Baby Tall
私
悔しいです!!
キイッ
そうかい?
じゃあ聞くけど
ココロちゃん
前のバイト先では
月給いくら
だったんだっけ?
へ?
たしか
7万くらいだったと
思いますけど…

それと比べて今は10万給料が増えて嬉しくないの？
ギラーー
あっ そりゃあもうすんごく嬉しいです
ゴホン
その15万稼ぐ子から見ればココロちゃんの給料は少ないと感じる
でもココロちゃんにすれば月10万円の給料は多いと感じる
この違いはどこから生まれてくるのか分かる？
ん～…
それはさ元々もらっている給料の額が違うからだよ
知らず知らずのうちにココロちゃんは月7万友達は月15万を基準にしているんだ
だから月10万の給料はココロちゃんにすれば多いし友達から見れば少ない
かわいいぞ～
いいもんっ
充分だもんっ

なるほど！
だから月10万の
給料の価値は
基準によって
変わってくるんだ
ココロちゃんと
友達の考えが
違っていて
当たり前だよね
そっか
人によって
価値観が違って
くるんですね
ということで
おごって下さい♪
くね
くね
だから
気持ち悪いって
話つながって
ないだろ！
TOMONO COFFEE
あっ、そうだ
これ見て下さい
アタルさん！
ガタ
？
何だい、コレ？
この香水
さっきのお店の
抽選会で
当てたもの
なんですけど……
見た目が可愛いから
使わずに
飾ってるんです
いいでしょ♪

これって商品なの？

同じものは売ってるんですけどパッケージが違うんです抽選会の景品用にデザインを変えたみたいです
へ〜なんで使わないの？

香りがあまり好きじゃないんですよでもパッケージのデザインが気に入ってるから
ちなみにお店ではいくらで売られているの？

んーと…

たしか1万5000円くらいだった気がします
じゃあオークションで売ってみれば？

パッケージも違ってレアなんだから1万5000円より高く売れるんじゃない？

そうすればそのお金で新しい服も買えるし…

でも、それは…もったいないっていうかそれにパッケージは違ってもお店で売ってる商品だし…

でもそもそも抽選で当たったモノでしょ
そうなんですけど……
やっぱりお気に入りだから
そっかたまたま手に入ったものでもいざ手放すとなると躊躇《ちゅうちょ》してしまうよね
そうなんですよね…
愛着みたいなものが湧《わ》いてしまったのかもね
片付けるね
すみません
それもあるかもしれないです
じゃあ僕のもとで頑張って働いてもらって次の給料まで新しい服はお預けだね
さっ行くよ〜
待ってぇ〜
えーっそんなこと言わないで下さいよアタルさん!

そろそろ帰ろうか
はいっ
ヴーン ヴーン
誰だろ
!?
ヴヴーン ヴヴーン
トモキ
……
どうしたの？出ないの？
……はい
ス…
ハッ
？
いいんです もう

アタルさん！
今日は
ありがとう
ございました！
ぺこん
え？
あ、おう
一緒に買い物できて
嬉しかったです……
うん
僕も楽しかったよ
それじゃあ！
また明日！
たっ
社員と仲良く
…か
たまには
いいもんだな

人は変化に敏感⁉

「プロスペクト理論」は、不確かな状況で人がどのように選択するかを表したものです。その出発点として、人は同じものでも状況によって捉え方がまったく変わるという性質があります。

例えば、あなたがイギリスを旅行したとします。イギリス料理はあなたの口に合いませんでした。そこで、現地の日本食レストランに足を運んでみると、とてもおいしく感じた。ところが、帰国後、同じものを日本で食べると、たいしておいしくなかった。なぜでしょう？　これは、イギリスで食べたイギリス料理があまりにもおいしくなかったため、たいしておいしくない日本料理でもおいしく感じられたからです。

この例は、同じ料理でも状況によって味の感じ方がまったく違うというプロスペクト理論の日常的な具体例です。このような経験をしたことのある人も多いのではないでしょうか。

人間には、温度、明るさ、味などについて、絶対値ではなく相対的な変化に敏感だという性質があります。このことは、味覚や視覚などの感覚だけでなく、金銭やものにも当てはまります。

「参照点」によって価値が変わる

プロスペクト理論は「**価値関数**」と「**確率加重関数**」によって構成されています。まず、価値関数の説明をしたいと思います。人の判断の特徴は、絶対的数値ではなく、変化や比較をベースに相対的に価値を評価することです。

次ページのグラフを見て下さい。

これは、プロスペクト理論の要となるものであり、人が利得や損失に対してどのように感じるかをS字形のグラフで表した価値関数というものです。

評価の基準となる点を「**参照点**」といい、このグラフでは、原点がそれに当たります。

横軸には、原点の右側に参照点と比べた場合の利得の大きさが示されています。縦軸は、利得や損失がもたらす価値を表しており、原点より上はプラス、下はマイナスになります。

価値関数をｖで表すと、例えば３０００円得ることの価値はｖ（３０００）、３０００円失うことの価値（不効用）はｖ（－３０００）となります。

●価値関数

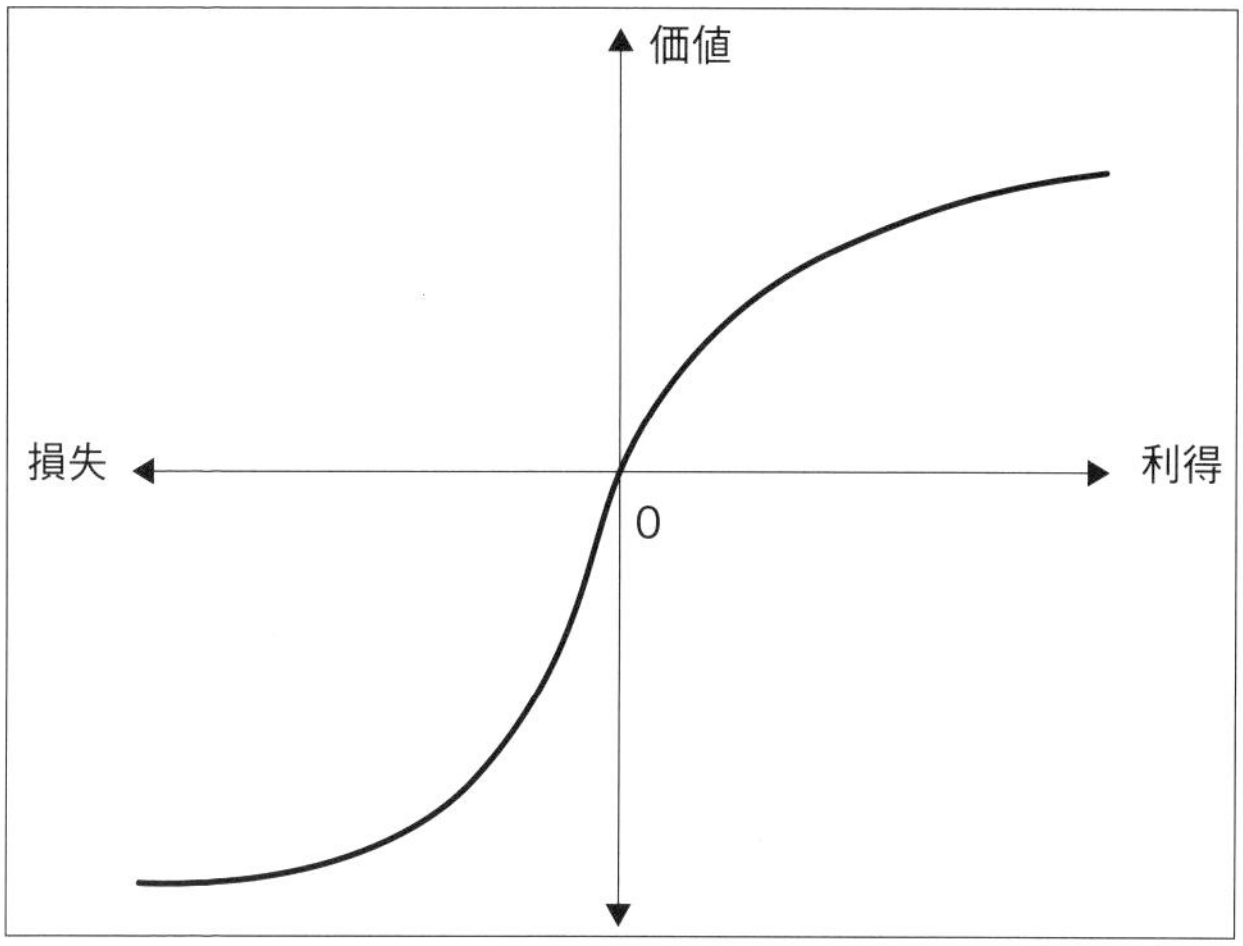

　ここで注意したいのは、すべての人が同じ価値関数を持っているわけではないということです。関数の形には個人差があり、また同じ人間でも状況によって異なることもあるからです。

　例えば、評価基準となる現在の状態（参照点）が10万円の場合と１００万円の場合では、利得や損失に対する感じ方は異なり、まったく同じ形になることはないと考えられます。しかしグラフで示されているＳ字形曲線の特徴は保たれています。

　価値関数には３つの大きな性質があります。

価値関数の3つの性質

基準によって価値が変わる

これは価値関数の性質の1つで、参照点との比較によって価値が決定されるということです。

例えば、あるチェーン店の店長A、Bの2人がいたとしましょう。1年前と比べて1日の売上が、Aの店舗では100万円から80万円に下がりました。Bの店舗では25万円から40万円に上がりました。どちらの店長が喜びを感じているでしょうか。

売上の大きさだけを見れば、Aの店舗の方かもしれません。しかし売上の増減を見ると、Aの店舗はマイナス20万円、Bの店舗はプラス15万円となっています。この点については、Aは喜べないでしょうし、逆にBは喜びを感じているかもしれません。これはA、Bが比較の基準にしている金額が違うからです。Aの店舗では100万円を、Bの店舗では25万円を基準にして、この額からプラスになるか、マイナスになるかに着目しているのです。この基準のことを参照点といい、何が参照点になるかで、価値は変わってきます。

価値は参照点との比較（増減）で測られ、絶対的な基準が価値を決定するのではないということです。これを**「参照点依存性」**といいます。

また、値段や数値だけではなく、様々な状態も参照点をもとに比較対照されます。例えば「病気になって初めて健康のありがたみが分かる」というようなことがそうです。普段は「健康な状態」が参照点ですが、病気になった時の参照点は「病気の状態」になります。そのため、それまで当たり前だった健康の価値が上がるのです。このように金銭や健康に関する参照点は「現在の状態」であることが多いようです。

また、社会規範や、将来に対する要求水準、他者の行動に対する期待や自分が定めた目標が参照点となることもあります。例えば、今月は５０００万円売り上げるとか、体重を10kg落とすとか、レポートを今日中に仕上げるといった目標がそれです。

しかし、参照点に関しては、どのような状況で何が参照点となるのか、参照点の移動はどのような時に生じるのか、あるいは生じないのか、長期と短期の区別はどうなるのかといった点は明らかではありません。

マンガでは……

アタルのもとでアルバイトをするようになり、給料が10万円に増えて、ココロは「嬉しい」と言っていました。しかし、友達の給料15万円との比較では「悔しい」と言っています。このようにココロは同じ10万円に対して「嬉しい」と「悔しい」という真逆の感じ方をしていますが、これは参照点が異なるためです。以前の給料を参照点として、現在の給料を見ると7万円から10万円に増額しているため「嬉しい」のですが、15万円の給料をもらっている友達と比べると15万円が参照点となり、「悔しい」のです。

変化にだんだん鈍くなる

利得も損失も値が小さいうちはその変化に対して敏感で、利得や損失の小さな変化が比較的大きな価値の変化をもたらしますが、利得や損失の値が大きくなるにつれて、小さな変化への感じ方は鈍くなります。

これを**「感応度逓減性」**《ていげん》といい、価値関数の2つ目の性質です。

この性質は標準的な経済学で仮定されている限界効用逓減性と同様の性質であり、利得や損失の限界価値が逓減(次第に減ること)することを意味します。グラフ(115ページ参照)では、利得も損失も値が大きくなるにつれて、価値関数の傾きはだんだん緩やかになっていきます。

例えば、5万円のカーナビを買うとします。300万円の車と同時に買う場合とカーナビだけを買う場合とでは、同じ5万円の商品であっても、後者の方が高く感じるのではないでしょうか？

３００万円の車という大きな買い物のついでなら5万円〝くらい〟と思い、カーナビも付けそうですが、単独で5万円のカーナビを買うとなると、５万円〝も〟かと躊躇しませんか？　こうした例は感覚的に非常に分かりやすく、納得できるのではないでしょうか。

人は得より損に敏感

１０００円を手に入れた時の利得と１０００円を失った時の損失では、人々は後者の方を敏感に捉えることが分かっています。つまり、同じ大きさの損得であっても、実際には損失の方が利得よりもだいぶ大きく感じられるのです。その差は2倍から２・５倍であることが分かっています。

これが価値関数の３つ目の性質で、**「損失回避性」**といいます。

例えば、こんなくじがあったとします。

50％の確率で１０００円がもらえ、50％の確率で１０００円を失う。

たいていの人は、このくじを拒否するのではないでしょうか。一般に人は、同じ額の損失と利得では、損失の方を大きく評価する傾向があるからです。

損失回避性はグラフでは、利得よりも損失に関して価値関数の傾きが大きくなり、曲線が原点で滑らかにつながらず屈折していることで表されています。

この「損をしたくない」という性質が人にもたらす影響は2つあります。1つは**「保有効果」**であり、もう1つは**「現状維持バイアス」**です。用語だけでは、この2つがどのようなものかがよく分かりませんよね。しかしマンガでのココロの行動のように、この2つは私たちに様々な影響を及ぼしているのです。

それでは、ここからは保有効果と現状維持バイアスについて、身近な例を交えながら詳しく説明していきましょう。その中にはあなたが経験したことも含まれているはずです。

■手放したくない!

まず、保有効果から見ていきます。保有効果とは人があるもの（お金だけでなく地位、権利なども含まれる）を実際に所有している場合には、持っていない場合よりも、それを高く評価して、手放したくないと思うこころの働きをいいます。

具体的な例をあげてみましょう。これは実際に私（学生の1人）が経験したことです。私が幼い頃から持っているぬいぐるみを、フリーマーケットに出してみてはどうかと親から勧められました。

たしかに私は大人になり、そのぬいぐるみで遊ぶことはなかったのですが、手放すことに抵抗を感じ、結局そのぬいぐるみをフリーマーケットに出さなかったのです。このことは、まさに保有効果といえるでしょう。

私は、使っていないぬいぐるみをフリーマーケットに出せば利益を得られたかもしれないにもかかわらず、「ぬいぐるみを所有している」という状態を高く評価し、このような結果に至ったのです。

行動経済学者のリチャード・セイラーは、1950年代に1本5ドルで買ったワインが今では100ドルの値段がついているにもかかわらず手放そうとせず、同じワインを新たに追加して買うとしても35ドル以上は出そうとしない人を例にあげています。

この例からも分かるように保有効果は、2つの意味で損失回避性の具体的な表れなのです。第1に、あるものを手放す（売る）ことは損失であると感じられ、それを手に入れる（買う）ことは利益であると感じていることです。第2に、あるものを買うために支払う金額は損失と捉え、それを売ることにより得られる金額は利得と捉えていますが、損失回避性によって、どちらの場合でも利得より損失の方を大きく評価しています。したがって、損失を避けるために所有しているものを手放そうとせず、実際に所有しているものに対する執着が生じるのです。

さらに、保有効果の存在を証明する実験があるので、それも見ていきましょう。

実験の参加者はA、B、C、3つのグループに分けられます。Aグループにはマグカップが与えられ、それを保有していてもよいし、400グラムのチョコレートバーと交換してもよいといわれます。Bグループには Aグループとは逆に400グラムのチョコレートバーが与えられ、マグカップと交換してもいいようになっていました。交換には手間も時間もかからず、取引費用の影響もほとんど無視できるようにしてあります。そして、Cグループにはマグカップとチョコレートバー、どちらでも好きな方を選べるようにしました。

この実験の結果、Aグループの89%はマグカップの保有を選好しました。つまり、チョコレートバーとの交換を希望しなかったのです。一方、Bグループでは90%がチョコレートバーの保有を選好し、マグカップとの交換を希望しませんでした。

このことから、マグカップとチョコレートバーの選好はどちらかに偏ることはないことが示されました。それは、好きな方を選べるCグループがほぼ半々の割合で、マグカップかチョコレートバーを選好したことによっても裏付けられています。

この結果は、保有効果が強く作用していることを示しており、この実験により、保有効果の存在は確認されたといえるでしょう。

マンガでは……

ココロは抽選会で当たった香水を、香りがあまり好きではないにもかかわらず、パッケージが可愛いからという理由で手放そうとせず、オークションに出そうとしませんでした。たしかにパッケージが可愛いという理由もありますが、それ以外に一度得たものを手放すのが惜しいという「保有効果」が働いているのです。

そのため、自分がタダで手に入れた香水を、オークションに出せば高値で売れるかもしれないのに、それを手放そうとしないのです。ココロは香水を所有しているため、香水を持っていない場合よりも、その香水を高く評価しているからこのような行動をとるのです。

今のままがいい！

次に、損失回避性から導かれるもう１つの性質である「現状維持バイアス」について説明しましょう。

現状維持バイアスとは、人は自分が置かれている現在の状況（現状）からの移動を回避する傾向にあることを意味し、保有効果よりも抽象的なものが対象になります。

現状の変化にはよくなる可能性と悪くなる可能性の両方があります。そこで現状がとりわけ嫌な状況でない限り、損失回避性傾向が働くため、現状維持に対する志向が強くなるのです。

私（学生の1人）の身近で起こった例を見てみましょう。イギリス英語を学ぼうとした友人はある英会話スクールに入学したのですが、不運なことにイギリス出身の講師はいませんでした。そこで仕方なくアメリカ出身の講師に英語を学ぶことになったのです。

それから3カ月が経った頃、その英会話スクールにイギリス出身の講師が来るというので、友人は講師を代えることを勧められました。しかし、彼はそれを断りました。特別にそのアメリカ出身の講師と親しかったわけでもないので講師を代えることは問題ないように思えたのですが、彼はそのままの状況、つまり、アメリカ出身の講師の授業を受け続けることを選んだのです。もうお気づきかと思いますが、まさにこれが現状維持バイアスなのです。

さて、このバイアスを発見した経済学者のウィリアム・サミュエルソンとリチャード・ゼックハウザーは、被験者を2つのグループに分けて次のような仮想的実験を行っています。それをご紹介しましょう。

Aグループには次のような中立的な（基準となる）質問をしました。

「あなたは、新聞の投資欄の熱心な読者ですが、最近まで投資をする資金の余裕がありませんでした。しかし最近、大叔父から多額の現金が遺贈されました。あなたは資産の運用を分散しようとしています。選択肢は次の4つです。『それほどリスクが大きくない会社の株式』『かなりリスクが大きい会社の株式』『財務省債券』『州債』。あなたは、この4つのうち、どれを選びますか」

Bグループにも同じ質問がされました。ただし、こちらは、Aグループの選択肢の1つが「現状」（すでに実行されている状態）となっています。つまり、「大叔父から遺贈されたのは、現金に加えて、『それほどリスクが大きくない会社の株式』であり、その上でAグループに示されたのと同じ4つの選択肢のうち、どれに投資を分散するか」という質問です。

この他にも同様に異なる選択肢が現状（すでに実行されている状態）となっているよ

うな多くのストーリーが別々のグループに提示されました。そしてそれぞれの選択肢について、それが現状となっている場合に選ばれる度合と、現状になっていない場合に選ばれる度合が求められました。

その結果、すべての選択肢について、それが現状となっている場合には、そうでない場合に比べてはるかに多く選択されることが分かりました。しかも、選択肢が多くなればなるほど、現状となっている選択肢が選ばれることが多くなることが示されたのです。

また、現状維持バイアスに関する、公共政策上重要な意味を持つ調査も行われました。これはカリフォルニア州の電力消費者に対しての、サービスの信頼性と電力料金の選好に関する聞き取り調査です。

消費者はA、B、2つのグループに分けられました。

Aグループは、サービスの信頼性は高い（年間3回の停電）が料金も高いサービスの契約をしています。Bグループは信頼性は低い（年間15回の停電）が料金はAグループより30％低いサービスの契約を結んでいます。

それぞれのグループに対して、双方の現状を含む信頼性と料金に関する6通りの組み合わせを示し、それらの選好を聞きました。

Ａグループでは60％が現状をもっとも選好し、30％料金が安いにもかかわらず、Ｂグループの現状を選好したのは、わずかに６％弱にすぎなかったのです。また、Ｂグループでは、信頼性が低いにもかかわらず、現状を選好したのが58％で、信頼性が高いＡグループの現状を選好したのは６％だけでした

結果、ここでも強い現状維持バイアスが観察されました。

公共サービスに対する信頼性は、公共サービス間の資源配分、事業規模、料金の決定などに大きな影響を及ぼしますが、それについての消費者へのアンケート調査を行う場合には、この種の現状維持バイアスを十分に考慮する必要があります。

現状維持バイアスは現在の状態から動こうとしないという意味で、「慣性」が働いているといえます。「現状の選択肢に固執する」「企業の慣習的な方針に従う」「現職をもう一期再任する」「同じ商品を買う」「同じ職場に留まる」といった人々の傾向は、この慣性と結びついているといえます。

また、現状維持バイアスを、現在の状態をアンカーとするアンカリング効果の一種と見ることもできるでしょう。

マンガでは……

ココロは、いつも使っている香水のシリーズに新商品が出ているのに、結局いつもと同じ香水を購入することにしました。たしかにその香水を気に入っているのかもしれませんが、新しい商品を試さずにいつもの香水を買ってしまうのはなぜでしょう。

これは新しい香水を買った時には気に入る可能性と気に入らない可能性の両方があり、損失回避性により、新しい香水を買って気に入らなかったから使わないという損失を避けようとしているのです。

以上がプロスペクト理論を構成している価値関数の３つの大きな性質です。

プロスペクト理論が「価値関数」と「確率加重関数」から構成されていることは先に述べました。

確率加重関数とは、あらゆる確率はそのままの値通りに受け取られないというものです。

例えば、３分の１という確率は、人によって様々な主観が加えられてバイアスがかかるため、必ずしも3分の1という実際の確率通りに受け取られないということです。

そこで、プロスペクト理論では、確率に非線型の重みが加えられることになります。確率の値そのものが価値に掛けられるのではなく、確率は加重されて、価値（効用）と掛け合わされるのです。

つまり、確率をｐとすると、価値関数ｖと、確率ｐに重みを加えた確率加重関数ｗ（ｐ）によって全体的な評価が決定されるのです。

１３１ページのグラフがその確率加重関数です。

数字に着目してみると、点線で示されている線は実際の確率の値そのものの変化になります。しかし、人は実際の確率を歪めて受け取りますから、それに応じて重みが加えられるため、人が受け取る主観的な確率をグラフで示すと、このような曲線になるのです。

点線と曲線を比べてみましょう。ある値より実際の確率が小さい時には点線よりも曲線の方が大きく示されているので、実際の確率よりも過大評価されているということが分かります。

反対に、ある値より実際の確率が大きい場合には、点線よりも曲線が小さく示されているので、実際の確率よりも過小評価されるということになるのです。実際の確率が約0・35の時に、実際の確率と主観的な確率が一致することが測定されており、グラフからはこのことも読み取ることができます。

価値関数と同じく、確率加重関数についても感応度逓減性は成り立ちます。感応度逓減性は、利得や損失の値が小さいうちはその変化に対して敏感ですが、利得や損失の値が大きくなるにつれて感じ方が鈍くなる現象でしたね。

そのため、確率が0・3から0・4への変化は、確率が0・9から1に変化するよりもずっと大きな心理的影響を及ぼすのです。

さて、先ほど確率加重関数の説明で、例えば、実際の確率である3分の1という数字を主観的に3分の1とは感じられない、というように、私たちはそのままの確率で受け取らないといいました。

では、具体的に私たちはどのような解釈をするのでしょうか。

確率加重関数のグラフの説明の際に少しふれましたが、私たちには小さい確率は過大に、大きい確率は過小に見積もるという性質があります。これを実際の日常生活に起こりうることで説明しましょう。

例えば、宝くじは当たる確率はとても小さいですが、私たちは買わなければ当たら

●確率加重関数

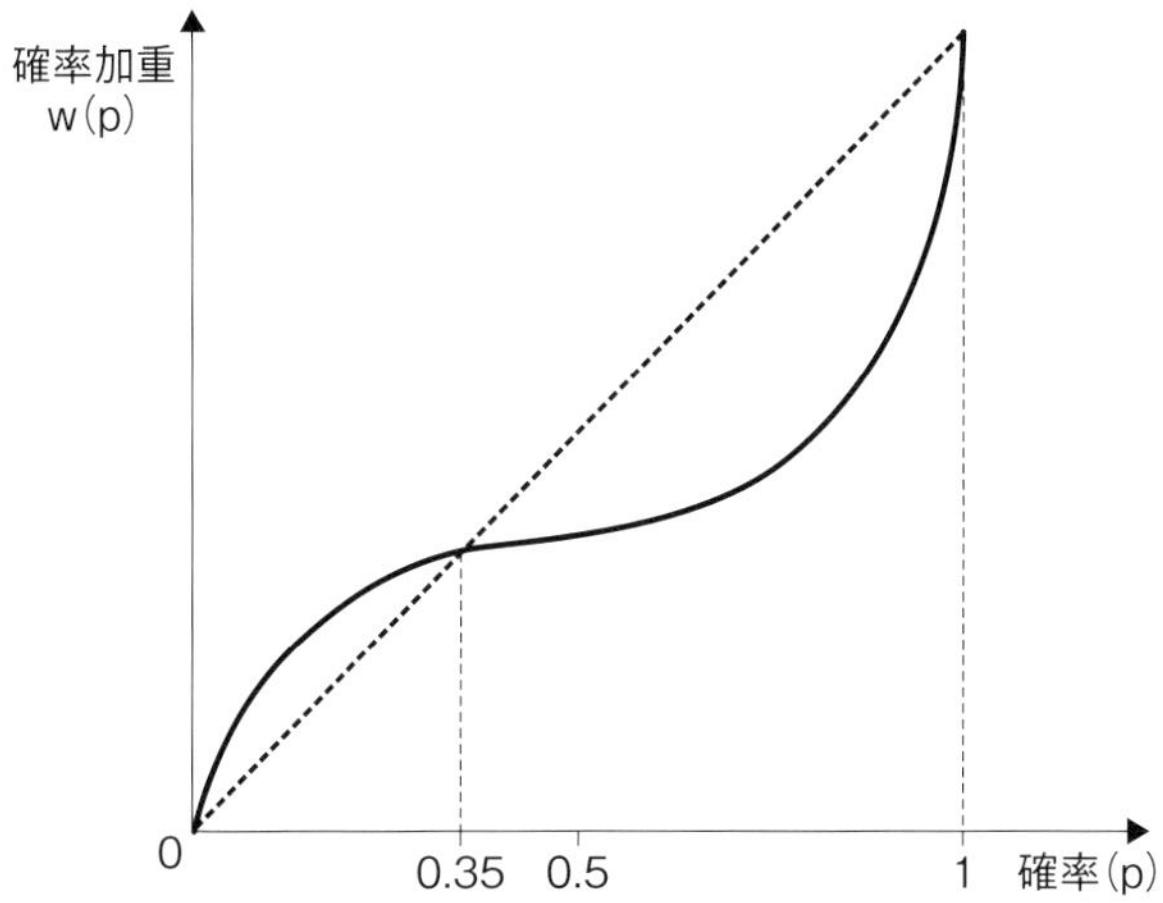

ないと言って、小さい確率に賭け、宝くじを購入してしまいます。これは、小さい確率は過大に評価してしまうという性質の具体的例といえます。

反対に、大きい確率は過小に見積もるという性質の具体例としては、手術に関する成功率があげられるでしょう。病気になり、手術を受けなければ助かる見込みはない。しかしその手術の成功率は70％という状況で、人はしばしば手術をためらいます。それは、30％は失敗してしまうという懸念があるからです。その懸念が成功の可能性を上回ってしまうのです。

このように、小さい確率の過大評価と大きい確率の過小評価は、人の確率判断につきまとう普遍的な性質のようです。

また、前述の感応度逓減性と確率加重関数を組み合わせて考えてみると、リスクに対する重要な態度の相違が生じます。次の表のように、人は利得と損失それぞれに関して、その確率が大きいか小さいかで、リスク回避的になるかリスク追求的になるか、態度が4パターン考えられます。

確率が小さい場合──→利得に関して「リスク追求」……①
　　　　　　　　　　損失に関して「リスク回避」……②
確率が中～大きい場合→利得に関して「リスク回避」……③
　　　　　　　　　　損失に関して「リスク追求」……④

①は例えば、当選確率がきわめて小さいにもかかわらず、宝くじを購入するという行為です。②は感染の恐れがきわめて小さいにもかかわらず、BSEを恐れて牛肉を食べないという行動。③は手術を受ける際に、成功率が高くても失敗する可能性の方を心配して受けないケースが当てはまります。④は模擬試験で合格率が高い学校を、落ちることを気にかけずに受験することが当てはまるでしょう。

公正とは

消費者や労働者は、商品の価格、賃金、利潤などを決定する行動に対して、何をもとに公正（フェア）であると考えるのでしょうか。公正の概念や考え方は多様なので、明確な定義は存在しません。

しかし、カーネマンやセイラーはその考え方の１つを提示し、公正が保有効果や参照点依存性と密接な関連を持つことを明らかにしました。これからあげる例を通して、どのような場合に、人は公正もしくは不公正と判断するのかを見ていきましょう。

保有効果との関連

質問１　コーヒー店Ａには従業員が１人いて、時給９ドルで働いていました。他の同規模の店Ｂが、コーヒー店Ａの従業員と同様の仕事をする人を時給７ドルで雇いました。それを知ったコーヒー店Ａの経営者は、それまで店が順調にいっていたにもかかわらず、従業員の時給を７ドルに下げてしまいました。

結果［受け入れられる17％　不公正である83％］

質問1´（最後の部分以外は質問1と同じ）従業員が辞めてしまったので、コーヒー店Aの経営者は時給7ドルで新規採用することにしました。

結果［受け入れられる73％　不公正である27％］

ここでの参照点は、従業員の現在の賃金です。質問1の従業員にとっては、9ドルが参照点になります。よって8割以上の人が不公正であると答えています。質問1´で新規採用される従業員には参照点がないため、大半の人が受け入れられると答えました。

このように参照点は状況や偶然によって決定される場合もありますが、公正かどうかを判断する際の重要な役割を果たしています。質問1では、時給の引き下げは従業員に損失を招く行為であるため、不公正であると見なされています。ここには、一種の保有効果が働いていることが分かるでしょう。

参照点の状態を続ける権利の消滅

質問２　ペンキ屋が２人の助手を雇っていて、彼らに時給９ドルを支払っていました。しかしペンキ屋を廃業して、造園業を始めることにしました。造園業の現在の賃金基準は低いので、助手の時給を７ドルに下げることにしました。

結果［受け入れられる63％　不公正である37％］

基本的に会社も従業員も、それまでの労働取引を参照点にして、それ以後も雇用関係を続ける権利を持っています。しかし、質問２のように会社がいったん廃業するとそれまでの労働取引は消滅します。そのため、廃業した会社が新たに別の会社を起こして、以前と同じ人を雇い直した場合でも、従業員には廃業前の会社との労働取引を継続する権利はありません。

したがって、労働取引の契約が新規になれば、以前の賃金に対する権利も消滅するわけで、この例のように造園業の助手になって時給が７ドルに下げられても、不公正とは見なされないのです。

参照点はどこか　～価格編～

質問３　ある人気車種の生産が間に合わず、購入希望者は２カ月待ちです。あるディーラーは、今まではリスト通りの価格で販売していましたが、この車種に関してはリストより200ドル高く価格を設定し直しました。

結果［受け入れられる29％　不公正である71％］

質問3´　ある人気車種の生産が間に合わず、購入希望者は2カ月待ちです。あるディーラーは、今までは価格リストより200ドル値引きして販売していましたが、この車種に関してはリスト通りの価格に戻しました。

結果［受け入れられる58％　不公正である42％］

この2つの質問では引き上げ額は同じであるのに、公正感はかなり違っています。質問3の参照点はリストの価格であるため、不公正感が大きいのです。

一方、質問3´では、参照点が分かりません。割引価格を参照点とすれば値上げ後の価格は損失ですが、リストの価格を参照点とすれば値上げ後の価格に対する不公正感は小さいのです。

公正かどうかの判断は参照点からどれだけ離れるか、つまり利得もしくは損失の幅の大きさにも影響されます。企業の行動は、その行動によって取引相手が得られるはずであった利得が減少する時よりも、それによって実際に損失が生じた時の方がより不公正であると判断されます。

参照点はどこか　～賃金編～

質問４　ある小さな企業には数人の従業員がいます。彼らの賃金はその地域では平均的です。最近業績が悪化したので、経営者は翌年から賃金を10％下げることにしました。

結果［受け入れられる39％　不公正である61％］

質問４´　ある小さな企業には数人の従業員がいます。彼らの賃金はその地域では平均的です。彼らには毎年、賃金の10％のボーナスが支給されていました。最近業績が悪化したので、経営者は翌年からボーナスを支給しないことにしました。

結果［受け入れられる80％　不公正である20％］

多くの雇用者は、賃金の切り下げは従業員のやる気を失わせ、会社の業績悪化につながるので賃金切り下げは実施しないと答えています。労働が過剰に供給されている状況でも、賃金が下がらないことがよく生じるのはこうした考え方が原因の１つなのです。

業績が悪化したのだから賃金は下げるべきだといった、企業にとっての合理的判断や標準的な経済学的な合理性は必ずしも、そのまま一般の消費者や労働者の公正感とは結びつかないことがあります。しかしまったく受け入れられないというわけではなく、同じ効果や結果をもたらすものでも、賃金を維持する代わりに、ボーナスの支給をやめるといったように提示や実施の方法次第では受け入れられやすくなることが先の例で理解していただけたと思います。

Behavioral

第4章

途中で諦められないのは？

サンクコスト

Economics

あーっ
つまんない
つまんない
つまんない
バタ
バタ
バタ
バタ
つまんな〜〜〜〜い！
OMINEスポーツクラブ
3日前——

チャッチャー
チャラ～
♪チャッチャ～
体動かすのってキモチいい～♪
思い切って入会してよかった
ダイエットにもなるし♪
はいっここからテンポアップしますよ！
皆さんついてきて下さいね！
わ…っ
ヨロッ…
!?
ズボッ

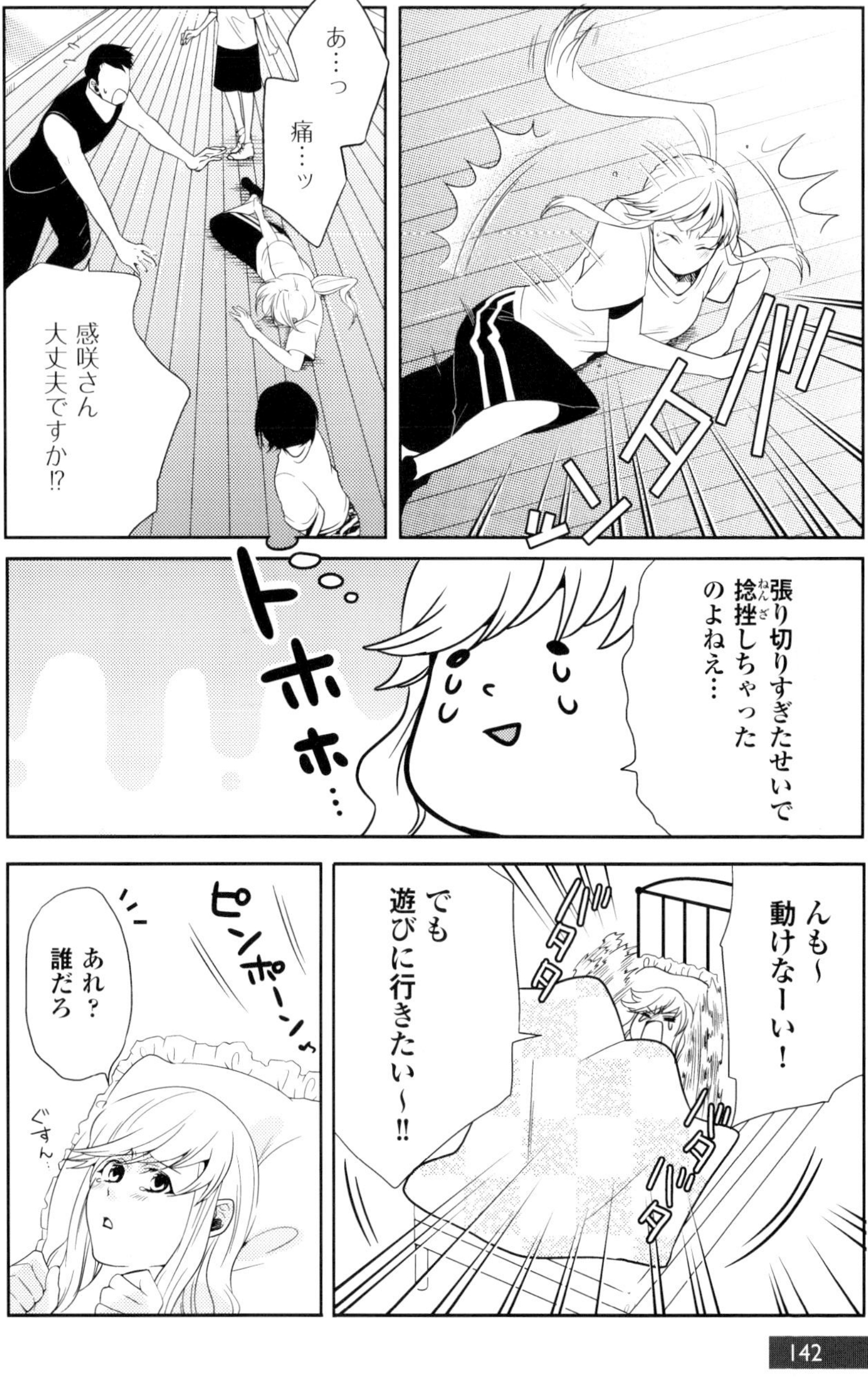
あ…っ
痛…ッ
感咲さん大丈夫ですか⁉
張り切りすぎたせいで捻挫《ねんざ》しちゃったのよねえ…
トホホ…
んも〜動けなーい！
でも遊びに行きたい〜‼
ピンポーン♪
あれ？誰だろ
ぐすん…

はーい
はいはい
ピンポーン
ピンポーン
ずる
ずる
カチャ
やあ
大丈夫かい？
アタルさん!?
どどどど
どうして……！
お見舞いだよ
一人暮らしだと
何かと大変だろ？
ってことで
お邪魔しまーす
ズカズカ
ギャアアア
ちょ
ちょっとぉ～!!
勝手に……っ！
食用
コトン

ふう…
あの…今日はわざわざありがとうございました
洗い物までしてもらって…
いいよ　困った時はお互い様だし
ケガが治るまではバイトも休んでいいからね
すいません迷惑かけちゃって…
でもなんでジムに通うことにしたの？
ダイエットにいいかな～と思って
あと安かったんです！
安いってどれくらい？
月に３０００円です
１日当たりたった１００円で済むんですよ！

１日当たり１００円……そうなると年間で３万６０００円か
それは意外と負担が大きいんじゃない？
え……？
そう考えたことはなかったな…
どう思った？
ん―っ
３万６０００円って考えるとちょっと高いかも
でしょ！
見方を変えると感じ方も変わるよね！

うーん
でもこれから
どうしようかなあ
続けるかって
こと？
そうか…
それでも
やめた方が
いいんじゃ
ないかな？
どうして？
もったいなく
ないですか？
まだ入会したばかりだし
最初に年会費も
払っちゃってるん
ですよぉ～
年会費が
もったいないからって
無理して
ジムを続けても
意地で続ける
ヒャハー
ケガ
・バイトに
行けない！
・ジムに
行けない！
・治療費
大☆損
またケガをして
治療費や何かで
さらに損しちゃうかも
しれないよね？
ドジだから…

うーん
そう言われると
そうかも……
どのみち
しばらくは
通えないですけど
もう払っちゃって
取り戻すことができない
お金とか時間とかを
「サンクコスト」って
いうんだよ
1個お勉強ね
さんく…
こすと……
サンクコストを
もったいないって
思う気持ちは
すごく分かるんだ
だけど
もう返って
こないんだから
諦めた方がいい時も
あるんだよ
ゴッ
ゴッ
そっかぁ〜
…って
何やってるんですか？

ふっふっふっ
差し入れを
持ってきたんだ
え？
なんですか？
今話題のスイーツ
「とろふわロール」だ！
パカッ
うっわ～！
すごい♪
食べてみたかったんです～!!
アタルさん
やさし～い
まあなっ
早速お皿に
取り分けて…
ハラ…
ん？

名刺？
ピラ…
ちょっと
アタルさん！
なんですか
コレっ!?
げげっ
なんで、カバンの中
なんかに…！
ビッ
クラブ…
キャッツぅう？
UB
ヤッツ★
ヒトミ
むー
アタルさん
こんなところに
通ってるんですか？
ふーーん
へぇーーえ
いや、その
ええと…
いつから
ですか!?
ヒッ
3カ月くらい
前から…
でも…

もしかして
お金とかプレゼントとか
貢《みつ》いじゃってる
感じですかぁぁああ？
ズォォォォ
ココロちゃん
怖いよ!!
何か出てる！
分かった
なっ
何が？
次こそデートして
くれるかなって
期待しながら
ずっと通ってて
今やめると
今までの投資が
ムダになると
思ってるわけですね
ええっ？
つまり
さっきアタルさんが
言ってた
「さんくこすと」って
わけですねーー!!
はぁぁあああーっ!?
ズビシーー!
いやそれは
たしかにサンクコスト
なんだけど
ごっ
誤解だ！
誤解！

付き合いでさ！ ちょっとしか 行ってないって！
いやあの ボクはっ
若いうちに いろいろ経験しとけ～
ズルル
つまり 何回も行ったん ですね？
にょき
!!!
……すいません もう行きません
ふか ぶか
絶対に 行きません
約束ですよ？
ああ
よし！ じゃあ 許してあげます
ほっ…

あはは
それでさ、
おっといけない
もうこんな時間か
そろそろ
帰るかな
え？
もう帰っちゃうん
ですか？
ああ
もう夕方だしな
そっか…
今日は
ありがとう
ございました
わざわざ
来てもらって…
そりゃあ……
心配だったしな

か〜〜〜〜っ
……とっ
とにかく早く
ケガ治せよ！
じゃあなっ！
は…
はい
バタバタ…
クス…

ポジティブ？　ネガティブ？

日常生活のシーンで、時間があと10分残っているとします。残り10分という事実に変わりはないにもかかわらず、「あと10分しか残ってないのか……」と悲観的になる時もあれば、「まだ10分も残っている!!」と楽観的に感じる時もあります。このように人はまったく同じ条件であっても、その時置かれた状況によって異なる受け取り方をする傾向にあります。

そうした判断や選択を決定づける心理的な「フレーム」の表現が違うことによって別の判断や選択が導かれることを、**「フレーミング効果」**と呼びます。同一の物事がどのように表現されたとしても、判断や選択には影響を及ぼさないという期待効用理論の前提を「不変性」といいますが、フレーミング効果が働く場合には、その「不変性」は満たされなくなります。

マンガでは……

ココロは、「年会費は、1日当たりわずか100円の負担で済みます」という表現に惹《ひ》かれたためにスポーツジムに通う決心をしました。しかし、アタルから「年間で

３万６０００円かかるのと同じだ」という指摘をされて初めてジムの年会費の問題に気がつきました。このように実はココロはスポーツジムを選択する際に、会費の提示に仕掛けられたフレームに惑わされてしまったのです。

例えば、年間３万６５００円の会費を必要とするＡとＢという２つのスポーツジムがあったとします。どちらのスポーツジムも年間の負担は同じでも、表現方法に違いをつけることで、判断や選択を意図的に誘導することができるのです。

Ａは「年会費は、１日当たりわずか１００円の負担で済みます」（１日１００円×３６５日→年間で３万６５００円の負担）と表現し、Ｂは「年会費は、年間で３万６５００円の負担になります」と表現していたとします。Ａのスポーツジムの方がＢのスポーツジムよりも軽い負担で済むような錯覚に陥らないでしょうか。

フレームが違うと答が違う

次に、トヴェルスキーとカーネマンによる、有名な「アジアの病気問題」を例として取り上げたいと思います。皆さんも以下の２つの質問が、どのような答を導くかを考えてみて下さい。それぞれの質問につき、２つの選択肢のうち１つを選択して下さい。

「〈質問1〉アメリカ政府が、600人は死ぬと予想されているきわめて珍しいアジアの病気を撲滅《ぼくめつ》しようとしている。そのために2つのプログラムA、Bが考えられた。確率は科学的に正確であるとする。A、Bのうち、どちらを選ぶか」

「A：200人は助かる」

「B：確率3分の1で600人助かり、3分の2で誰も助からない」


続いて次の質問です。

「〈質問1´〉（質問1と問題設定は同じ）2つのプログラムC、Dのうち、どちらを選ぶか」

「C：400人死ぬ」

「D：確率3分の1で誰も死なず、3分の2で600人死ぬ」


皆さんの選択はいかがだったでしょうか。

この実験によって得られた結果は、質問1では「A：72％、B：28％」であり、質問1´では「C：22％、D：78％」でした。
A、Bでは「助かる」という肯定的な表現がされており、C、Dでは「死ぬ」という否定的な表現がされていますが、AとC、BとDの選択肢はまったく同じことをいっており、表現が異なっているだけであるという点にお気づきでしょうか。「A：200人は助かる→600人中200人が助かる＝C：400人死ぬ」となりますし、「B：確率3分の1で600人（＝全員）助かり、3分の2で誰も助からない（＝600人死ぬ）＝D：確率3分の1で誰も死なず、3分の2で600人死ぬ」となります。

本来ならばAとC、BとDの選択率に違いはないはずなのですが、実験結果の通り大きな違いが出てしまった要因は、被験者がフレーミング効果の影響を受けたためと考えられます。

ちなみに、この実験では、実験後に2つの質問に対して選好が一貫していないことをバラバラの選択をした被験者に指摘しても、被験者は選好を変えるつもりがなかったという報告がされています。

作り手の意図通りの答を導くフレーミング

さらにフレーミング効果は、日常生活だけでなく政策の善し悪しを国民に問うような場面や、マスコミのアンケート調査など社会的な統計をとるような重要な場面においても使われることがあります。次の例も、トヴェルスキーらによって実施された実験です。

「〈質問2〉ある国では移民の若年層の犯罪率を低下させるために、法務省が、1億ドルの予算を支出しようとしている。この計画は、若年層に就業機会やレクリエーション施設を提供しようとするものである。そのために現在検討中である2つの政策JとKのうち、どちらかを選択しなければならない。

2つの政策は、予算の配分が異なるだけである。A国からの移民の数とB国からの移民の数はほぼ等しい。統計によると、A国人のうち3・7%、B国人のうち1・2%が25歳までに犯罪歴を持っていた。

政策JはA国人社会に5500万ドル、B国人社会に4500万ドルを配分し、政策KはA国人社会に6500万ドル、B国人社会に3500万ドル配分しようというものである。以上の情報からどちらの政策を選択するか」

2つの政策JとKのうち、よいと思った方を選択して下さい。

それでは、次の質問です。

「〈質問2´〉（犯罪者についての情報以外は質問2と同じ）統計によると、A国人のうち

96・3％、Ｂ国人のうち98・８％は25歳までに犯罪歴がなかった。どちらの政策を選択するか」

この質問に対してもＪとＫのうち、よいと思った政策を選択して下さい。

この質問に対し被験者の出した答は、質問２では［Ｊ：41％、Ｋ：59％］、質問2´では［Ｊ：71％、Ｋ：29％］となっています。ここにもフレーミング効果によって惑わされた結果が出ています。

お気づきの通り、質問２の「Ａ国人のうち３・７％、Ｂ国人のうち１・２％が25歳までに犯罪歴を持っていた」は、質問2´の「Ａ国人のうち96・３％、Ｂ国人のうち98・８％は25歳までに犯罪歴がなかった」と同じことをいっています。しかし、被験者にとっては犯罪歴が「ある」という表現がされた場合には、Ａ国人はＢ国人より犯罪率が３倍も高く感じられ、犯罪歴が「ない」という表現では、両者はほぼ等しいと感じられます。その結果、同一の内容の質問であるのに、質問２ではＫが多く選択され、質問2´ではＪが多く選択されるという逆転が生じてしまったのです。

右記のようなシンプルなフレームにはめ込んだ質問を受けることは、ほとんどないと思われます。しかし、フレーミングをすることによって個人・社会全体の行動や思考が戦略的に誘導され、大きな政治的・経済的影響を及ぼす危険性もあるため、私たちは常にフレーミング効果を意識して、主体的に情報を把握していく必要があります。それにはフレーミングされた情報を、同一の意味を持つ別の情報へと意識的に変換して捉え直すことが有効な手段になるでしょう。

この他にドキュメンタリー番組は、フレーミングと似たような手法で制作されることがあります。映したいものだけを文字通り、テレビという枠にはめ込むことで、制作者の主張を強調したり、もしくは意図的に視聴者の印象を操作するのです。何を映すか（何をフレーミングするか）で印象や感想に違いを作っているという点で、フレーミング効果と非常に似ているところがありますね。

メンタル・アカウンティングとは

行動経済学の第一人者として知られるリチャード・セイラーは、人々が金銭に関する意思決定を行う際には、様々な要因や選択肢を総合的に評価した上で合理的な決定をするのではなく、自分の中に狭い独自のフレームを作り、その狭いフレームにはめ込むと主張しています。

そのようなフレーミングを、セイラーは企業の会計帳簿や家庭の家計簿の比喩から、「**メンタル・アカウンティング**（こころの家計簿、こころの勘定体系とも）」と名付けました。メンタル・アカウンティングとは、人が自分の金銭に関する行動を評価・管理・記録するために用いる心理的操作のことで、無意識になされることが多いといわれています。

3つの要素

第1に、メンタル・アカウンティングは、こころの家計簿と呼ばれることからも想像がつくように、家計簿と同じような働きをします。つまり、家計の出費や収入を家計簿に記入する際に「食費」「光熱費」「娯楽費」などの勘定項目に分類するのと同じように、取引が行われるごとに、こころの中で何かしらの項目に分類し、その中でやりくりすることで損失（赤字）や余剰（黒字）を計算するのです。

第2に、それぞれの勘定項目が赤字か黒字かの評価を様々な時間間隔で行うということです。つまり、評価を1日単位でするのか、1週間単位なのか、1カ月単位なのか、あるいはもっと長期的な単位で捉えるのか、時間の単位を重視しています。

例えば、競馬の最終レースで大穴に賭けることが多いというバイアスがありますが、それは、最終レース前までに出してしまった損失を取り返そうとして大穴につぎ込むからではないかと考えられています。つまり、収支を1日単位で考えているのです。もし収支を1週間単位、1カ月単位、あるいは1年単位で考えるのであれば、このように1日の終わりに大きな勝負に出る人は少なくなるでしょう。

第3にメンタル・アカウンティングは、参照点からの利得と損失の幅によって価値を測り、絶対的な基準が価値を決定するのではないという考え方や、利得に関してはリスク回避的、損失に関してはリスク追求的という考え方に基づいています（第3章、132ページを参照）。つまり、取引や売買において富や資産全体などの絶対的評価から効用を評価するのではなく、自分の心的基準である参照点からの変化や損失を評価し、それらを避けようとする損失回避性を重要視しています。

コストの価値を客観的に考えられなくなる？

メンタル・アカウンティングの好例として、カーネマンとトヴェルスキーによって行われた次の実験があります。

「〈質問3〉当日券が50ドルのコンサート会場でチケットを買おうとしたところ、50ドル札を失くしたことに気づいた。もう50ドル出して当日券を買うか？」

「〈質問3´〉前売り券を50ドルで買ってコンサート会場に行ったところ、チケットを失くしたことに気づいた。当日券も50ドルで買えるが、買うか？」

皆さんはどのように答えたでしょうか。実験の結果は、「はい」と回答したのは質問3では88％、質問3´では46％でした。どちらのケースでも50ドルの価値のあるものを失ったことに変わりはないにもかかわらず、このように回答が分かれた要因は、メンタル・アカウンティングによって説明することができます。

チケットを買うという行為は、メンタル・アカウンティングの1つ目の要素で述べたように、「娯楽費」などの勘定項目に振り分けられます。一方、質問3における現金50ドルの紛失はこれらのどの勘定項目にも当てはまらないため、先のような実験結果が出たのだと考えられます。

この実験結果は、標準的な経済学で仮定されている貨幣の代替性に反することになってしまいます。貨幣の代替性とは、どんな経過で得られても出費されても同じお金なのだから、完全に他の用途に変更（代替）可能であることを意味しています。しかし実際には、メンタル・アカウンティングの働きにより、特定の勘定項目に割り振られたお金は、それと同じ用途に使われるのです。

サンクコストとは何か

聞き慣れない言葉かもしれませんが、多くの人がこのサンクコストと様々に関わりながら生活しています。**「サンクコスト」**（あるいは埋没費用）とは簡単に言うと、過去に支払ってしまって、もう取り戻すことのできない費用（お金や時間など）のことです。

日常生活のあらゆるところで見受けられるサンクコストについて、ここからは身近な例をあげて解説していきます。

■サンクコストの例1 〜食べ放題〜

レストランの食べ放題バイキングに3000円を払います。2皿食べたところで満腹になりました。しかし「3000円の元を取ろう」と思い、お腹を壊す恐れがあったりダイエットをしているのに、無理して食べてしまうということはないでしょうか。また食べ物を残すことを「もったいない」と思い、食べ過ぎて、体調を崩してしまうこともあるでしょう。

このように、サンクコストに囚われて合理的な意思決定ができないことを**「サンクコスト効果」**といいます。

「もったいない」という気持ちは、身近な問題だけでなく環境問題など大きな問題の解決につながる要素として大事なことです。しかし、そうしたムダをなくすための精神が、一方でこうした身近なところでサンクコスト効果に陥ってしまい意思決定が遅れたり誤ってしまうこともあるのです。

■サンクコストの例2 ～ライブ～

2時間のお笑いライブのチケットを5000円で購入しました。しかし、実際に行ってみると、あまりにもつまらないライブでした。このままお笑いライブを見続けるべきか、もしくは会場を出るべきか。ライブを見続けた場合は、チケット代5000円に加え2時間を損してしまいます。一方、ライブ会場を出た場合、チケット代5000円は失いますが、2時間は他のことに有効に使えます。

ここで、サンクコストの存在に気づいたでしょうか。それは、お笑いライブのチケット代5000円です。なぜなら、どちらを選択したとしても回収できない費用だからです。

では、どちらを選択するのが合理的でしょうか。それは、ライブ会場を出て2時間を他のことに有効に使うことです。しかし、大半の人はチケット代の5000円をもったいないと感じて、ライブを見続けてしまうのではないでしょうか。ここでの合理的な意思決定は、サンクコストを無視して将来の費用と便益だけを考慮に入れることです。つまり、極端かもしれませんが、済んでしまったことは忘れた方がいいということになります。

マンガでは……

ココロは、ジムに通い始めたところでケガをしてしまいましたが、最初に払った3万6000円の年会費が気になってサンクコスト効果に陥り、アタルが説明するまでジムに通い続けるという決断を変えませんでした。けれど、もしこのまま、年会費に囚われて、無理してジムに通い続けていたら、ココロはまたケガをしてしまい治療費などでさらに損をしてしまう可能性があるわけです。

行動経済学に詳しく、合理的な行動を心がけているアタルでさえ、キャバクラ嬢に貢いだお金に囚われてキャバクラ通いがやめられないというサンクコスト効果に陥っています。

サンクコストが生じる原因とは?

では、このサンクコストは一体どのように生じるのでしょうか。1つには、メンタル・アカウンティングが影響を及ぼしていると考えられますが、他に2つの要因があげられます。

1つは「評判の維持」をしようとすることです。多くの時間やコストを投資したにもかかわらず、計画やプロジェクトを中止するということは、過去の決定が誤りだったことを認めてしまうことになります。そこで多くの人は自分の判断が誤っていたことを認めるのは自尊心が傷つくため、それを回避しようとして、投資を続けてしまうのです。

2つ目は、意思決定を行う際に無意識に用いているヒューリスティクの過剰な一般化です。皆さんは、親から「ものや食べ物を粗末にしてはいけない」というルールのようなものを子供の時に教えられたことはないでしょうか。こうしたことは、意思決定にあたって無意識のうちにヒューリスティクの役割を果たすのです。

例えば、昔から食べ物を粗末にしてはならないと言われ続けてきたから、多少満腹でも残さず食べるということも、ヒューリスティクによるものであり、このように日常の様々なところで効力を発揮します。

それが逆に、サンクコストというヒューリスティクを適用すべきでないところにまで適用してしまうために間違いが生じてしまうのです。そして、無意識に自らの中でそうしたメンタル・アカウンティングを考えることでサンクコスト効果に陥ってしまい、過去の投資や出費に囚われてしまうのです。

つまり、すでに支払ってしまった金銭や時間やエネルギーをムダにしたくないあまり、過去の投資にこだわってしまうからです。「覆水盆《ふくすいぼん》に返らず」「死んだ子の数は数えるな」などといった諺は、サンクコストに囚われてはいけないということを戒《いまし》めるヒューリスティクなのかもしれませんね。

諦める勇気

合理的な判断をするために、サンクコストを諦めることが必要な時もあります。ムダだと分かっていることでも「せっかくここまでやったのだから……」と継続してしまう傾向は、一般の消費者の経済活動だけでなく、国や大企業が携《たずさ》わる公共事業などの意思決定においても見られます。最近では八ッ場《やんば》ダムの建設を継続するか否かの議論がありました。

サンクコストといえばコンコルド（莫大な費用を投じた割には商業的に大きな失敗に終わった、英・仏共同開発の超音速旅客機）といわれるほど有名な〝コンコルドの誤《ご》謬《びゅう》〟の例もあります。このように損をしたままの気分が残るからか、人のサンクコストへの執着はとても強いといわれています。

ただ、それでももったいないと思ってしまうのが人間ってものですよね。

そこで、サンクコストとは違い、コストを埋没させず、逆にそれを上手く活用して成功している例をご紹介しましょう。それはコンビニなどのプライベートブランドです。プライベートブランドの商品を製造している工場はナショナルブランドの商品も製造していることが多いのですが、これは、ナショナルブランドを製造する隙間時間などを利用して行われています。せっかくある製造ラインを止めるのはもったいないから、その間にプライベートブランドの商品を作って利益を出そうというわけです。

すでにかけたコストが活きるか、埋没するかの判断は非常に難しいですが、目的が達せられない、もしくは計画がムダになるといったことが分かったら、一度立ち止まってみることが大切です。

過去だけでなく、将来にも目を向けることで何か違うものが見えるかもしれません。成功するためには、諦める勇気も継続する力と同じくらい大切だということです。

Behavioral

第5章

将来より現在を重視するのはなぜ？

近視眼性

Economics

私がアタルさんの会社で
バイトを始めてから
はや数カ月――
カタカタ
ケガも治り
ようやく仕事にも
慣れてきました
ガサッ
よしっ
完了！
そして
季節は秋
いよいよ私も
就職活動の時期を
迎えました
友野商事
一次選考
筆記試験会場

本命の友野商事は
一流企業
内々定までに
試験や面接が
何回もあり……
んーっ
んー
不合格
不採用
途中で何度も
不採用の悪夢に襲われ
くじけそうになりましたが
その度にアタルさんに
助けてもらった
おかげで…
ドバーン
アタルさーん！
友商から
内々定いただきました!!
はぁっ
はぁっ
内々定
！

おめでとう！
どんより
よかったね……
はい♪
これも毎日毎日
アタルさんに
助けてもらった
おかげです
ぶんぶんぶんぶんっ
おかげで
僕はずっと
徹夜だったよ…
僕も安心した
はいっ！
けど

これにて一件落着！
のはずでしたが…

うーん…
どうしたの？
変な顔して
…実は
友野商事に
内々定は
いただいたん
ですけど
第一志望だから
よかったじゃない
そうなんですけど…
はぁ〜
どうしたの？
暗いなー
それが…
いざ内々定を
もらってみたら
本当にこの仕事が
やりたいのかなって
思えてきちゃって…
はぁ…
いろんなことを
考えて
不安になるんです…

時間が経つと
見えるものが変わってきて
それが原因で
考えも変化することって
あるよね
はい…
ココロちゃん
最初は自分が
友商で働く姿を
どんな風に
想像してた？
なんとなく
キャリアウーマンに憧れてて
自分もそんな女性に
なれるんじゃないかって
ウキウキしてました
オハヨウ
皆
ココロ
先輩～❤
それは
キャリアウーマン
じゃなくて
逆ハーレムだね…
パサリ
まぁ
そうとも
いいます
まあ
そんな漠然とした
自分の姿を思い描いて
期待していたのが……

いざ内定、就職が近くなってくると…
ちゃんと仕事ができるかな？とか職場での人間関係は上手くいくのかな？といったリアルなことが気になってくるんじゃないかな？
倒産
10000
10000
給料
そう！だんだん自分に自信がなくなってきちゃって…
同僚
上司
うわーん
成績
同じものを見てても時間が経つと違う部分が目につくようになるんだよ
例えば旅行とかもね
旅行ですか？

計画を立てている時は楽しいことばかり浮かんできてワクワクするけど
どこ行こっかな～
いざ出発の日が近づいてくると
8/10 旅行
ゲッ
明日もう旅行の日!?
荷作りなどの準備が面倒でだんだん億劫になってくる
あ～準備メンドー…
やめよっかな…
もたもた
分かります…
行くのをやめちゃおうかななんて思うことも……
キャリアウーマンのかっこよさだとか旅行の楽しみだとか…
人は時間的に離れた漠然としたものに関しては目につきやすいんだ

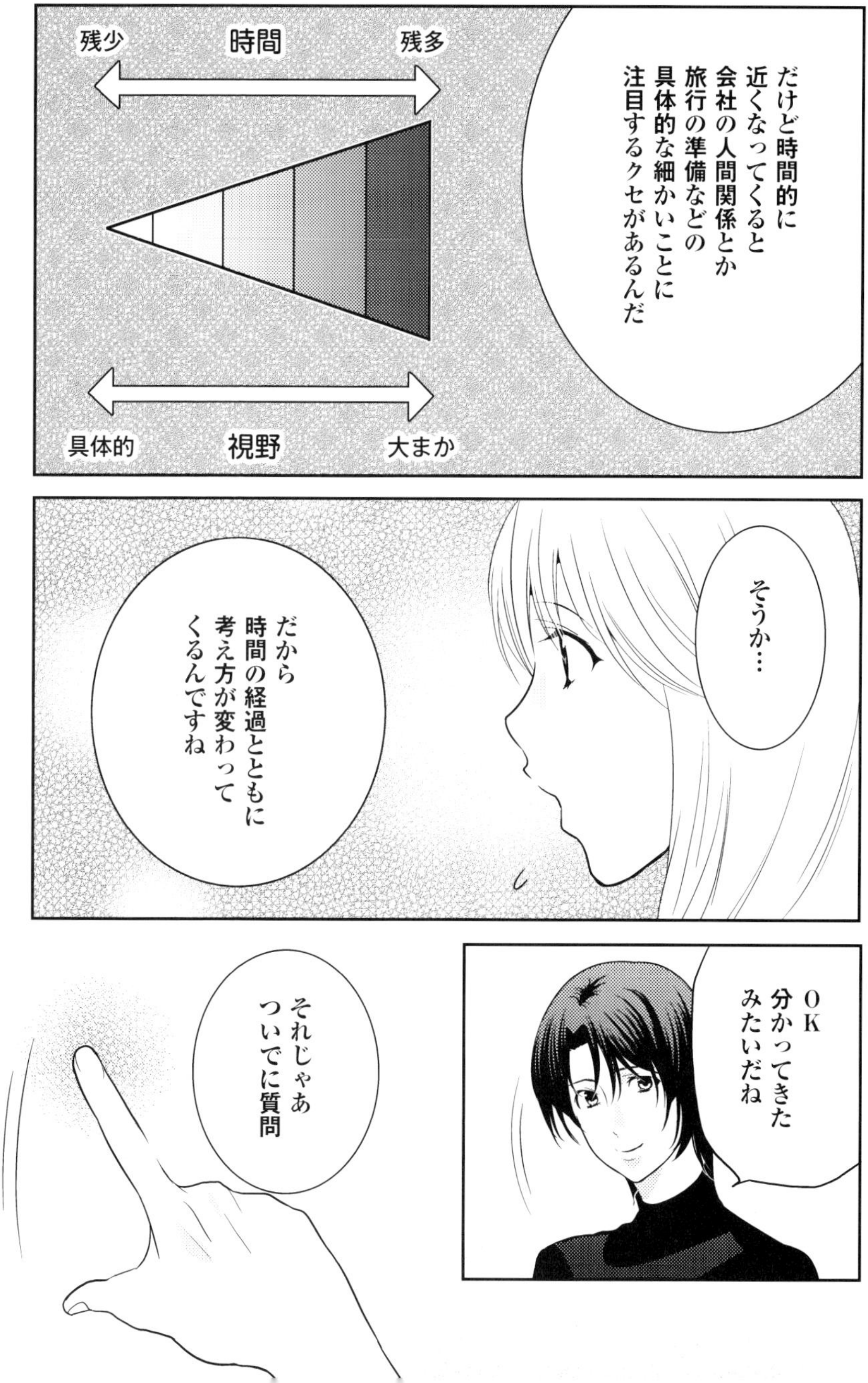
時間
残少
残多
視野
具体的
大まか
だけど時間的に近くなってくると会社の人間関係とか旅行の準備などの具体的な細かいことに注目するクセがあるんだ
そうか…
だから時間の経過とともに考え方が変わってくるんですね
OK分かってきたみたいだね
それじゃあついでに質問

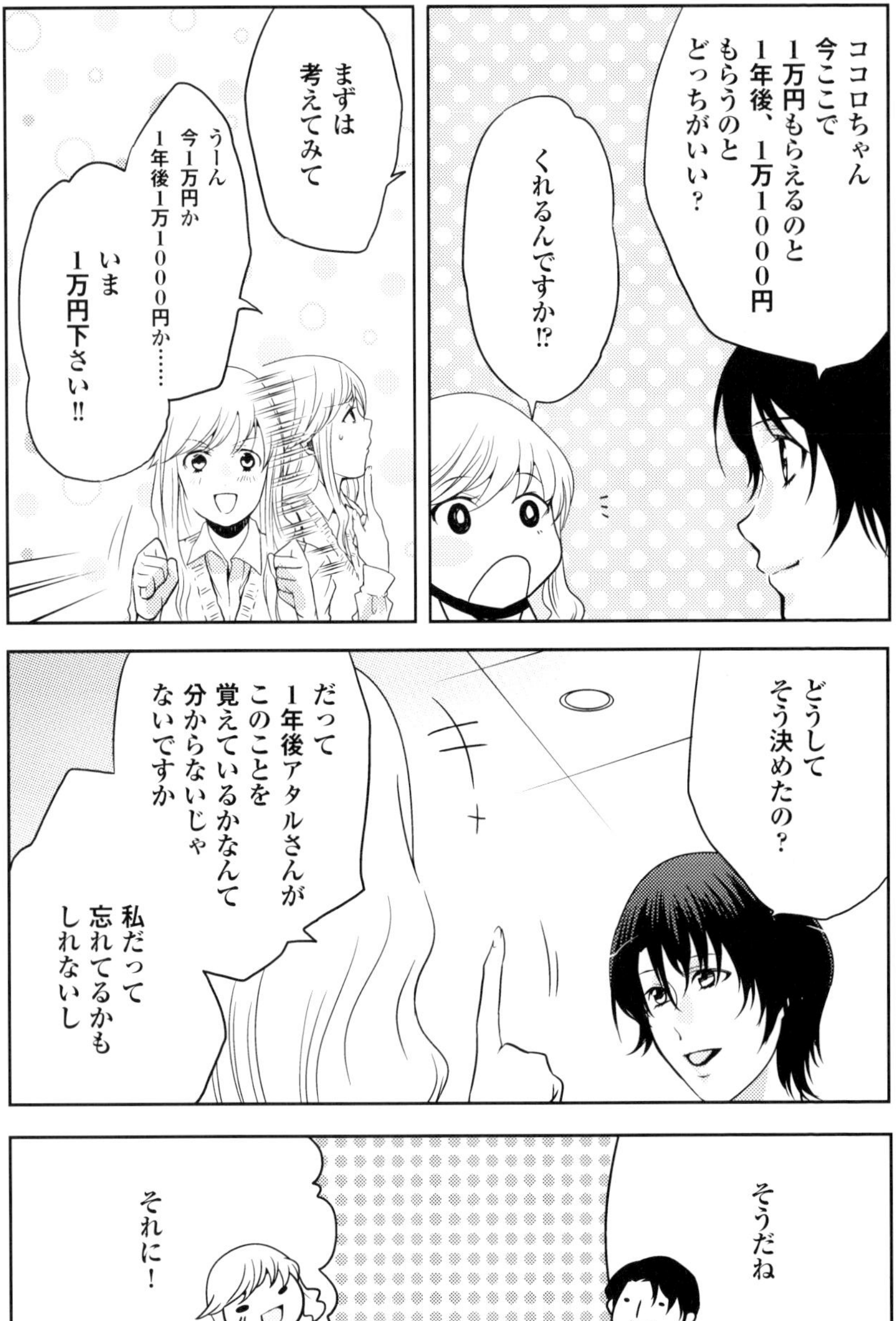
ココロちゃん
今ここで
1万円もらえるのと
1年後、1万1000円
もらうのと
どっちがいい？
くれるんですか!?
まずは
考えてみて
うーん
今1万円か
1年後1万1000円か……
いま
1万円下さい!!
どうして
そう決めたの？
だって
1年後アタルさんが
このことを
覚えているかなんて
分からないじゃ
ないですか
私だって
忘れてるかも
しれないし
そうだね
それに！

この会社も潰れているかもしれないし
ズビシ
それはないい!!
ほんとですか〜？
ゴホン
痛〜いっ
それはさておき
ココロちゃんのような選択が普通なんだよ
そうなんですか？
ココロちゃんの言う通り将来はどうなってるか分からないからね
実際に手に入るかどうかも分からないいし自分の好みが変わってしまうかもしれないい
だから将来よりも現在を重く見るのはごく自然なことなんだよ
なるほど
たしかにそうかもです！

だからココロちゃんが友野商事のことに不安を持つのは自然なことなんだ
そんなに難しく考えることはないよ
そう…ですかね…
そんなもんだよ！
いい会社だと思うし自信持ちなよ
ポン
！
……分かりました
頑張ってみます！
アタルさんに相談してよかった
今となっては就活もいい思い出だったかも♪

ココロちゃんらしいね
クス
あんなに辛《つら》い思いもしたのにね
たしかに辛いこともあったけどそれよりもなんかあっという間だったし
くふふ、
今はそんなに辛いイメージがないですね
人って一番楽しかった時とか辛かった時のこととか最後のあたりのことが強く印象に残るからね
それって「終わりよければすべてよし」ってことですか？
そう！

最初は
いろんな会社の選考が
上手くいかなくて
全然就活が
進まなかったから
辛かった…
もうムリ…
あれー？
何悩んでたんだっけ？
でも最後の方は
順調にいったし
しかも第一志望の会社から
内々定をもらったから
就活全体もそんなに
辛いって印象が
残っていないんだよ
なるほどですね～
映画も
同じだよ
物語の途中に
暗い内容があっても
ハッピーエンドなら
見終わった後
清々《すがすが》しい気分になるし
逆にバッドエンドだったら
途中まで明るい物語でも
悲しくなったり
嫌な気分になっちゃう
こともあるよね
あるある！
納得です!!

キィ
じゃあ最後の1年間を楽しく過ごせば大学の4年間もいい思い出になるかな？
そうだねけど遊んでばかりじゃダメだよ
えっ??
今までは就活してたから甘く見てたけどこれからはしっかりと働いてもらうからね！
ハハハ
やさしくして下さいよ〜！
えーっそんなあ〜！

時間の影響

「人間はおのおの、ものの見方を持っている。そして同じ1人の人間でも、時が変われば同じ対象に対して違った見方をする」

イタリアの法学者であるベッカリーアの『犯罪と刑罰』（岩波書店）に出てくるフレーズですが、本章の内容はこのフレーズに集約されています。マンガのココロのように、時間の経過とともに人は対象の見方を変化させるのです。なぜそうなるのか、その要因は大きく分けて3つあります。**「異時点間の選択」「近視眼性」「ピークエンド効果」**です。ここでは具体的な例や様々な実験結果をもとに詳しく見ていきます。

異時点間の選択

人が何か行動を起こす時、時間が強く影響を与えています。例えば、何度も例にあげたように、禁煙やダイエットをしようと誓っても、ついつい甘いものに手を伸ばしてしまったり、一服してしまったりといったことを私たちは日頃よく経験しています。また、7月中に夏休みの宿題をすべて終わらせて8月は遊ぼうと決意しても、結局、８月31日まで宿題をやるはめになったり、節約しようと思ってもつい衝動買いをしてしまったりするのも同じことです。

このように、人の意思決定や満足感などは時間の影響を少なからず受けています。一般的に言って、私たちが意思決定をする時は選択する時点と実際に行う時点ではそれがわずかであっても時間的に離れているため、私たちのほとんどの行動は時間の影響を受けているといってもいいのです。

では、計画的に夏休みの宿題を終わらせたり、禁煙を成功させるにはどうすればいいのでしょうか？　そこで、意思決定をする際、時間がどのように影響を与えているのかについて考えてみましょう。

将来を割り引く

私たちには将来を割り引くという傾向があります。例をあげると、「今１００万円をもらえるのと、１年後に１００万円をもらうのと、どちらがいいか？」という質問に関しては、ほとんどの人は今１００万円をもらえる方がいいと答えるでしょう。１年後の１００万円は今の１００万円未満にしかならないのです。

このように、私たちは、将来得られるお金や満足感を割り引く傾向にあります。なぜ、このようなことが起こるのでしょうか。

それは将来は不確実であり、本当に手に入るかどうか疑わしく、またそれを得るのを待つ間に、自分の好みが変わってしまうかもしれないということが考えられるからです。人は確実を欲しがり、少しのリスクでもそれを回避しようとします。前章に登場した損失回避性です。

■徐々によくなるのがいい

ここで、質問です。6年間でもらえる賃金は同じですが、「はじめは低く徐々に賃金が上がる」パターンと、「はじめは高く徐々に賃金が下がる」パターンではどちらを選びますか?

結果的にもらえる金額は同じなのだからどちらでも変わらないと考える読者もいるかもしれませんが、合理的という観点から見ると、最初は高く徐々に賃金が下がる方がいいのです。なぜなら、はじめにもらった高い賃金を何かに投資すれば利益を生む可能性があるし、仮に途中で退職することになってもそれまでに高い賃金が得られるからです。

では、人はどちらを選ぶのでしょうか? 回答者のうち、「はじめは高い賃金をもらえるが、徐々に賃金が下がる」合理的だと考えられるパターンを選択したのはわずか12%であり、半数以上は徐々に上昇するパターンを選びました。人は必ずしも合理的ではないのです。

なぜ、このような結果になるのでしょうか？　先ほども出てきた損失回避性がその理由を説明してくれます。合理的だと考えられるパターンでは、一度もらえた高い賃金が基準となり、徐々に賃金が下がってしまうことは損失のように受け取られるのです。年収200万円が300万円になれば嬉しいでしょうが、年収400万円が300万円になったら悲しくなるはずです。同じ300万円の賃金であっても、その人が比較の基準をどこに置いているかによって評価は変わってくるのです。こうして人々は徐々に賃金が上昇するパターンを選択したのです。

逆転する選好

合格といった将来の大きな利益よりも、勉強せずにゲームをするといった目先の小さな利益を選んでしまう傾向は日常的によくあることです。このように、人が意思決定をする際、本来望んでいるものが逆転してしまうことがよくあります。先に説明したように、人の行動は時間と密接な関係があり、選好は時間の経過とともに変化するということはよく起こります。

「明日は必ず朝5時に起きる」と決めて就寝しても、いざ5時になるとなかなか起きられなかったり、「この宿題は明日必ずやる」と誓ったのに、当日になるとまた、「明日こそ本当に必ずやるから、今日は映画を見ても問題ない」と考えて、結局ずるずると先に延ばしてしまったりといった例です。

食欲に負けてダイエットに失敗した場合やクレジットカードを使いすぎて、ローンが返済できずに自己破産するのも同様です。要するに、目先の小さな利益に目を奪われて、後で得られるはずの大きな利益を失ってしまうのです。

セイラーは、この現象を「明日のりんご2個より今日のりんご1個を選ぶ人が、1年後のりんご1個より1年と1日後のりんご2個を選ぶ」と表現しています。

■時間解釈理論

人は時間的に離れた物事に関しては、抽象的、本質的な観点から解釈し、時間的に近い物事に関しては、具体的、表面的な観点から解釈してしまうのです。

マンガでは……

ココロは、最初は憧れの企業で働く華やかなキャリアウーマンの自分を想像しますが、友野商事に内々定が決まると、日々の業務や職場の人間関係など、時間が経つにつれてより具体的な面に着目するようになります。

旅行に関しても同様で、旅行がまだ先の場合には、旅先での食事やショッピングなどの楽しいひと時を空想しますが、旅行の日が近づくにつれて、集合時間、持って行くもの、旅先の不案内、交通手段など具体的なことが気になってきます。

では、なぜこういった現象が起こるのでしょうか？　将来については情報の信頼性が低かったり、そもそも入手できないこともあったり、さらに変更したり延期することもできます。こういった理由で、人は遠い将来のことに関しては軽視しがちなのです。そのため、楽しみにしていた旅行も近づくにつれて億劫になってしまうといった現象が発生するのです。

目先の誘惑？

次に「近視眼性」について解説します。近視眼性とはどのようなものでしょう。マンガの中でココロが、今１万円をもらう方を選択したことに注目して下さい。１年後１万１０００円をもらう方を選択する人もいるでしょう。なぜなら、今１万円もらって投資や貯蓄をしても１年後１万１０００円になる可能性は小さいからです。

しかし実際、多くの人は今１万円をもらう方を選択します。これが「近視眼性」です。近視眼性とは将来は不確実であるから実際に手に入るかどうか分からない将来のものよりも、現在持っているもの、現在手に入るものを重視する性質です。これは

「現在志向バイアス」とも呼ばれます。人が現在に重点を置いて、選択をする性質を表した言葉です。

皆さんも普段の生活を思い返してみて下さい。将来得られるものよりも、現在得られるもの、現在の満足感を重視しているのではないでしょうか？

皆さんは、クレジットカードでついつい買い物をしてしまうことがありませんか？「お金はないけれど、今すぐにこれが欲しい‼　来月の給料で払えば大丈夫」なんて思って、ついついクレジットカードで買ってしまう。そして、この繰り返しでお金に困ってしまう経験をした人は少なくないと思います。

この例には、近視眼性がよく表れています。後になってお金に困ってしまうことを頭では理解しつつも、その場で欲しいものを手に入れたいという欲求が大きくなり、つい買い物をしてしまうのです。将来の利益よりも、現在の満足感を重視した結果です。

本当は現在のものよりも、将来のものの方が自分にとって利益（満足感）が大きいと分かっているはずなのに、現在のものを重視してしまうのは、時間的な影響を受けて、まだ先の不確実な将来のもの（こと）は割り引いてしまう方向にバイアスがかかり、現在を重視するよう、選好に変化が起きているからです。標準的な経済学で定義される経済人ではない現実の人間であれば、誰もが持っている性質です。

では、人はなぜ近視眼的な性質を持っているのでしょうか？

近視眼性という性質は、おそらくかつては、環境に適応した性質であったと考えられます。食料など生きるために必要な重要な資源がいつでも入手できるとは限らず、また保存も難しいような時代には、目の前にある資源をすぐに手に入れることが重要であり、遠い将来のことは後回しになります。このような性質が進化の過程で人間の設計図であるＤＮＡ、つまり人間の本能の部分に刻まれてきたのです。これが近視眼性が広く人間に備わった理由です。

しかし、現在の環境では、近視眼性はもはや適応的ではありません。現在の環境では、食料はお金を出せばいつでも簡単に手に入れることができるし、長期の保存も可能です。所有権や著作権と同じように、自分の食料は自分の所有物であると主張できる法的仕組みも整っています。近視眼性は、もはや現代の人間には必要のない、かえって合理的な行動を妨げる性質になってしまったということができます。これが、近視眼性の真実です。

終わりよければすべてよし

人は時間と感情の中で生きています。そこで、私たちは時間と感情に縛られて生きていることを知る必要があります。

マンガでは……

ピークエンド効果とは何でしょうか？　分かりやすい例はマンガの中で紹介しました。苦しい就職活動を終え、第一志望の企業から内々定をもらった後、ココロが「今となっては就活もいい思い出だったかも」と言うシーンです。

それまでは他社の選考が上手くいかず失敗続きだったのに、最後にいい結果が出た途端に、就職活動がいい思い出となってしまいました。「終わりよければすべてよし」という諺がピークエンド効果がどういうものか、よく示しています。

ピークエンド効果とは、人が何かの経験を記憶する時、その経験のピーク時、または、終了時の印象がその経験全体の印象となるということです。

人間の記憶にはバイアスがかかっているともいえます。すべての経験とその時の感情を記憶しておくことは不可能なので、ピーク時および終了時の経験や印象を強く記憶にとどめておくのです。そのため、その時の印象が全体の印象となるのです。

マンガの中でココロは就職活動に非常に苦労していました。ですから、全体としてはマイナスの印象の方が多かったのです。しかし、最後に第一志望の企業から内々定をもらうという大きなプラスの印象を得ました。このココロの経験の終了時における大きなプラスイメージがこの経験全体のイメージとなったのです。

映画についても同様の例を見出せます。途中までは悲観的で気分が沈んでしまうようなストーリーだったのに、結末がハッピーエンドであったために、その映画がとてもよい映画に感じたことはないでしょうか。

その逆も同じです。よいストーリーだったのにバットエンドの終わり方をすると、最後のマイナスの印象が全体の印象となり、悲しい話に感じてしまうのです。

スポーツなどでも圧倒的に不利な試合であったのに最後の最後で逆転勝ちをおさめると、とてもよい試合であったと感じることがあります。また、終始負けていた試合でも途中にすばらしいプレーがあると、なかなかいい試合だったと感じることがあります。

どちらの例も、終了時もしくは、ピーク時の印象が全体の印象になっています。カーネマンは、過去の出来事は、映画のような連続的な流れとしてではなく、スナップ写真のように断片的に記憶されるのではないかと指摘しています。人間は経験したことをすべて記憶するわけではなく、ピーク時および終了時に重点を置いて、記憶します。そのため、その時の印象が全体の印象となるのです。

これがピークエンド効果であり、人間の記憶の性質です。私たちはこのような性質を持っていることを知るべきであるし、また知ることで様々なことに生かすことができます。例えば、映画を作る時がそうです。面白い映画を作ろうとするならば、その映画のもっとも盛り上がる部分、もしくは終了時を重点的に面白くすればいいのです。その映画を見た人の印象は、ピーク時と終了時に重点を置かずに作った映画より格段によくなるでしょう。また、娯楽施設をデザインする場合、入り口よりも、出口や、帰り際に寄る場所に重点を置いてデザインした方が人にいい思い出を残すことができるということになります。

このようにピークエンド効果を意識し、どこを重点的に工夫するかを考えることで人に与える印象をコントロールすることができます。また、重点的にコストをかけるところを限定することで総コストの削減につながることもあります。

Coffee sh
きゅ…
でも
早いよねー
もういよいよ
大学も卒業だね
あっという間
だったね
だけど私
卒業できるかなあ
なんで？
授業もろくに出ないで
遊んでたから
単位が心配で……
来年も
学生かも…
私も!!
あ゛ーーッ
こんな思いするなら
ちゃんと学校行ってれば
よかった～

……
数カ月前―
ココロちゃん
そろそろ休憩にしようか
あっ
はい!
バサッ!
大学のノート。
資料。
文献。
どうせ後で苦労しちゃうからな……
甘く見ないで今からちょっとでも卒論の準備やっておこ!
せっ せっ
!
ココロちゃんも変わったね
クス
そうですか?
だって昔の君だったら後で苦労することが分かってても買い物行ったり合コン行ったりしてたじゃん
えへへ
私だって成長してるんですよ〜

ココロ！これ見て!!
OLIVIE
何？
1万円が4980円だって!!半額以下になってるよーー！
えっ⁉本当だ！
んっ ちょっと待った
はたっ
安くなってるけどあんまり着なさそうだな…
それに半額になってるけど4980円って私のバイトの5時間分のお給料か…
そう考えるとちょっと高いかも
うーん
うーん
やっぱこれはやめとく
そう？じゃあ私買ってくるから待ってて〜
…

昔なら絶対に迷わず買ってたね……
え？どしたの？
へへっ なーんでもない！
こんなに変われたのは やっぱり、あの人の おかげかな…
でもさ〜 本当にどうする？
はぁ〜
ココロも やばいでしょ？
ううん 私は大丈夫だよ！
コツコツ準備 してきたからね♪
えええっ うっそー!!!
いつからそんな しっかり者に なったのよおお！
じゃあココロ 私の卒論 手伝ってぇええ！
はいはい
そして

時はめぐり
私はついに大学を卒業しました
○○大学
卒業式
桜が満開だ…
そういえばもう4月か…
早いものだな…
シン…

なんだかんだ言って いい子だったな 彼女……
また 新しいバイトでも 雇うか……
ぴょ
ホントですか？ じゃあ 雇って下さい！
♪
ええええええ えええええッ!?
ガタッ
コッ ココロちゃん!?

なんでここに？
会社は？
辞めました♪
辞めたぁ!?
正確に言うと内々定辞退ですけど
あんなにがんばったのに…
な…なんでそんなことを…
……ここで働きたかったんです
……え？

お願いします！私をここの社員にして下さい！
ぺこんっ
！
ど…どうして…
アタルさんと一緒にいて私、本当に勉強になりました！
自分でいろいろ考えられるようになったし…
バイトもすごく面白くて…
それに……
それに？
そ…その……
かー
…まあ
僕も君がいてくれるのは構わない…
ポリ…
というかむしろ……いてほしい……

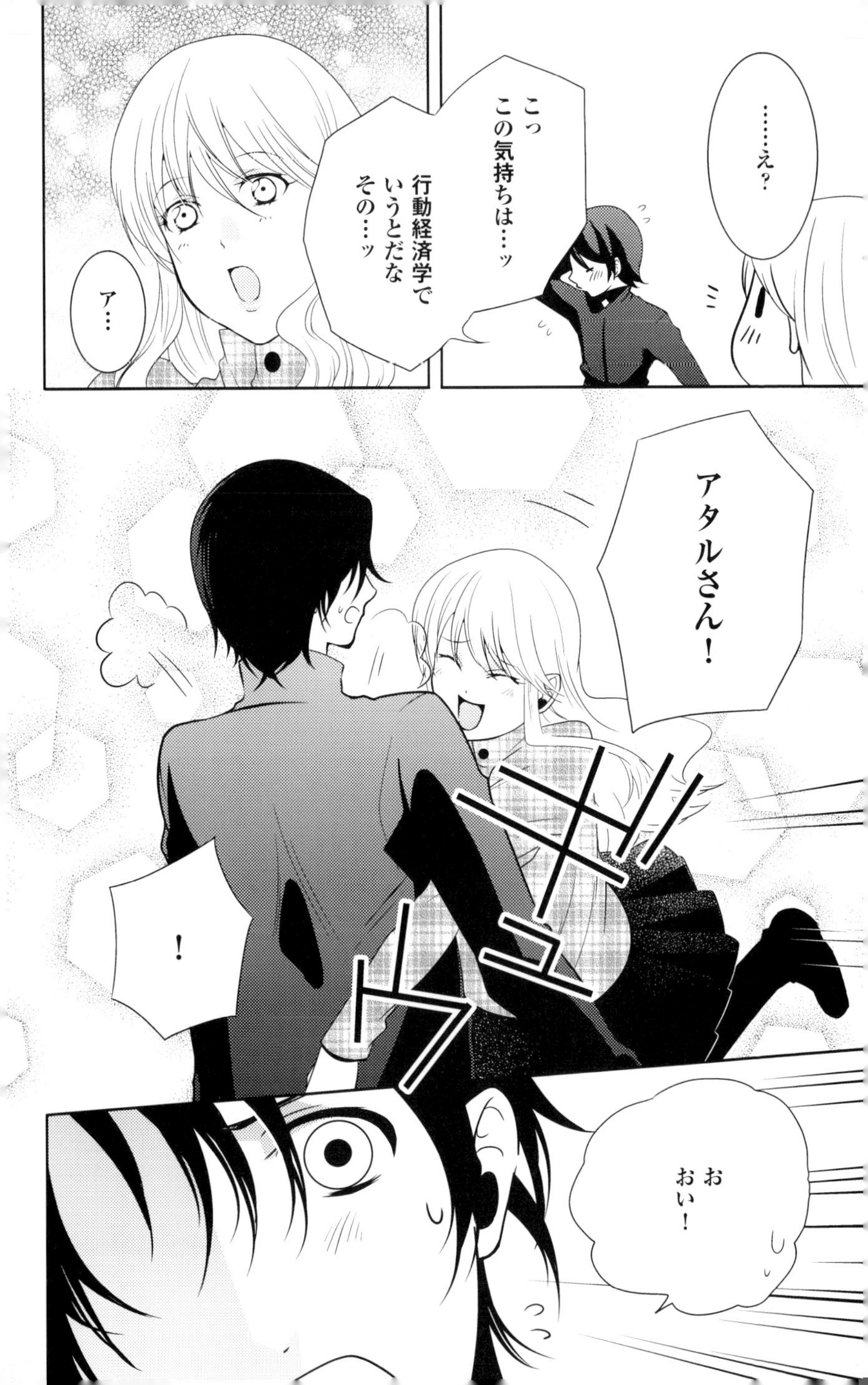
……え？
こっ この気持ちは…ッ
行動経済学でいうとだな その…ッ
ア…
アタルさん！
！
お おい！

待遇はきちんとしてくれなきゃ嫌ですよ♪
ボーナスは年2回で年に1度は社員旅行で海外に行ってぇ～
分かったよ！
ちゃんと……
ギュ…
大事にしてやるから
これからもよろしくお願いしますねっ♪

エピローグ

経済人――セイラー教授に「人類以外の別の生き物」といわれるほどの、完全な合理的判断力を持った生物。そんな生物を前提として標準的な経済学は発展してきました。

標準的な経済学では数学的な理論化、モデル化が進められ、その数理モデルの厳密性が尊重されてきました。その功績は改めて説明する必要がないほどのものであることはいうまでもありません。

ただ、経済学者が厳密で複雑なモデル化を進めれば進めるほど、本来の対象であるはずの人やそのこころはないがしろにされ、その結果、実際の人と標準的な経済学のモデルとの齟齬《そご》が大きくなったのも事実です。〝経世済民《けいせいさいみん》〟というように人の生活、社会をよりよくするための学問であるはずの経済学が、実際に生きている人を軽視していいのか、もっと単純に「経済人なんて存在するの？」などといった疑問をお持ちになった読者の方も多いのではないでしょうか。

本書をここまでお読みいただいた方にはもう経済人など存在しないことも、人は完璧に合理的にはなれそうもないことも分かっていただけたのではないかと思います。

しかし、そういったネガティブな部分だけでなく、それなりにまあまあの答を出すことができる力が人にはあるということにも気づいていただけたでしょうか。

本書では、システムⅠとシステムⅡとのコラボレーションやヒューリスティクに関する解説の中で、人の限定合理性のすばらしさも述べられています。限定合理的な人が判断してもほとんどの場合にはそこそこの答は出るし、日常生活でも特に不便なく暮らすことができます。

しかし、本書では人が合理的判断をできずに失敗する例を数多く取り上げてきました。それは、人の経済活動における失敗には、ある種の傾向があることを知っていただきたかったからです。人間の判断は直感的要素が強いが故《ゆえ》に、情報や考える時間が少ない場合には的外れな答を出してしまうこともあります。しかし、そのほとんどが人間の判断のクセや直感の誤差による失敗です。なので、行動経済学が対象としている人の判断や失敗のパターンを知るだけでも、人がしてしまいがちな失敗に対して、少なくとも注意を向けることはできるようになるはずです。

行動経済学の功績は、このように実際の人の経済活動にはどのような傾向があるのか、何が人を動かすのかを明らかにして、標準的な経済学の数理理論では説明できない部分を補完し、「では具体的にどうすればよいのか」という疑問に対しても道を示しつつある点です。幾度も繰り返される不動産バブルの崩壊、金融危機といった標準的な経済学では説明しがたいけれども、現実には起きているという問題も、行動経済学を通して人のこころに注目すれば、問題の本質がより深く見えてきます。

注目度が高まっているとはいえ、行動経済学は学問としてはまだまだ成長していかなければならない新米です。行動経済学の研究が標準的な経済学と実際の人の経済活動とのズレを指摘したように、行動経済学も「理論展開やモデルの厳密化が難しい」や「実験結果に納得がいかない」と指摘されることがあります。

これは人のこころは曖昧なもので、それに立ち向かっているからこそ受ける指摘ですが、そんな曖昧さを持った人間を対象にしているので、人間のすべての行動を完璧に予想することはどんな経済学、さらにいうと、どんな学問でもなかなかできるものではないのかもしれません。ですので、行動経済学と標準的な経済学が互いの弱点を否定し合うのではなく、その弱さを認めつつ、互いに補い、得意とする部分を融合させながら共に発展し、経済学が社会により貢献できる学問となることを、経済学を学んでいる者として願います。

そして本書が、行動経済学という学問の入り口となり、人間心理が経済学や経済活動に与える影響の重要性の認知度を高めるための一助となることを願ってやみません。

あとがき

行動経済学がだんだん世間に知られるようになり、関連書が次々と出版されるようになってきました。硬軟・難易いろいろありますが、気楽に易しく読める本は意外に少ないと思われます。本書は、マンガを通して行動経済学の世界の面白さを少しでも知っていただこうという目的で企画されました。とはいえ、マンガだけでは限界があるので、少し詳しい解説を付け加えました。高校生や大学生はもとより、若い社会人、主婦の方まで楽しみながら行動経済学のエッセンスをつかんでいただければと願っています。

本書は、明治大学情報コミュニケーション学部で私が開講する行動経済学ゼミナールに、２００９~２０１０年度所属する学生が執筆したものであり、マンガの原作、登場人物の台詞《せりふ》、解説まで学生の手によって書かれています。ゼミ生たちは、３年前期に行動経済学をほぼ初めて学び、夏休みの合宿、後期のゼミを通じて理解を深め、４年前期には就職活動によって勉強時間を制限されながらも、苦心の末、本書を書き上げました。ゼミ生たちの頑張り、特に、原稿全体の取りまとめ、字句の統一などの校正作業に尽力したゼミ長の星野大樹、副ゼミ長の日向理沙、坂田一眞の三君の努力に敬意を表したいと思います。

本書の解説部分では、拙著『行動経済学――経済は「感情」で動いている』（光文社新書、２００６年刊）からの引用部分が多くあることをお断りしておきます。カーネマンやセイラーを始めとする行動経済学の文献の利用についても、同書からの孫引きという形になったところがありますが、読者の皆様のご寛恕をお願い致します。説明不十分な点や筆が滑った点もあると思いますが、それらはすべて私の責任です。

最後に、なかなかはかどらない学生たちの原稿執筆を忍耐強く待ち、綿密で細やかな推敲をして下さったＰＨＰ研究所コミック出版部の木南勇二さんと、すばらしいマンガに仕立てて下さったマンガ家の高山わたるさんに感謝します。

二〇一一年一月

著者を代表して　友野典男

［マンガ制作］

株式会社トレンド・プロ／ブックスプラス

マンガやイラストを使った各種ツールの企画・制作を行なう1988年創業のプロダクション。日本最大級の実績を誇る株式会社トレンド・プロの制作ノウハウを書籍制作に特化させたサービスブランドがブックスプラス。企画・編集・制作をトータルで行なう業界屈指のプロフェッショナルチームである。

TRENDPRO BOOKS+

URL　http://www.books-plus.jp/
東京都港区新橋2-12-5 池伝ビル3F
TEL　03-3519-6769
FAX　03-3519-6110

執筆学生

プロローグ　エピローグ

坂田一眞　　日向理沙　　星野大樹

第１章

明間麻由美　　久保麻実　　佐藤俊輔　　森　美里

第２章

安藤雄一　　塩谷　泉　　鍜原礼子　　楠原博文

第３章

小山知紗　　近藤由子　　潮見友香

第４章

倉光智子　　中島卓人

第５章

杉山　翼　　高田達也　　種村翔太　　山野洋平

〈著者略歴〉
友野典男（ともの　のりお）
1954年埼玉県生まれ。早稲田大学商学部卒、同大学院経済学研究科博士後期課程退学。明治大学短期大学教授を経て、2004年より明治大学情報コミュニケーション学部教授。専攻は行動経済学、ミクロ経済学。主な著書、訳書に『経済学の数理と論理』（共著、早稲田大学出版部）、『経済学の世界』（共著、八千代出版）、『行動経済学』（光文社新書）、『慣習と秩序の経済学』（訳書、日本評論社）などがある。

明治大学友野（行動経済学）ゼミナール生
2009～2010年度に明治大学情報コミュニケーション学部友野（行動経済学）ゼミナールに所属。ゼミナール生の名前、各執筆箇所は右に列記。

装丁：永井　貴

マンガ 行動経済学入門

2011年3月7日　第1版第1刷発行

著　者　友野典男
　　　　明治大学友野(行動経済学)ゼミナール生
漫　画　高山わたる
発行者　安藤　卓
発行所　株式会社ＰＨＰ研究所

東京本部　〒102-8331　千代田区一番町21
　コミック出版部　☎03-3239-6288(編集)
　普及一部　☎03-3239-6233(販売)
京都本部　〒601-8411　京都市南区西九条北ノ内町11

PHP INTERFACE　http://www.php.co.jp/

制作協力　組　版　株式会社PHPエディターズ・グループ
印刷所　製本所　図書印刷株式会社

ISBN978-4-569-79515-7

PHPの本

面白くて眠れなくなる数学

桜井 進 著

数学は、眠れなくなるくらいに面白い！
文系の人でも楽しめる、ロマンとわくわくに満ちた数学エンターテインメントの世界へようこそ。

定価一、三六五円
（本体一、三〇〇円）
税五％